SHODENSHA
SHINSHO

金貧乏

年後の「お金」の話

公義

祥伝社新書

はじめに

退職金——おそらく多くのサラリーマン（公務員、教員等々を含みます）にとって、長い間勤めた勤務先から最後に受け取る感慨深いお金でしょうし、今まで手にしたことのない金額でしょう。そして、老後の生活の大きな支えのひとつであり、大切に守っていくべきお金です。では、どう守っていけばよいのでしょうか？

本書がもっとも重要だと考えるのは、老後の生活に困らないことです。つまり本書は、「長生きして、その間にインフレになって、大切な蓄《たくわ》えが底《そこ》をつく」というリスクに備えるための本です。

筆者は、かつて銀行に勤めていた頃から、日本人は投資に対する知識が乏《とぼ》しいと感じてきました。仕事の面では優秀なサラリーマンでも、少数の例外を除いて投資の知識や経験は乏しく、資産の大半を現金や預金で持っているからです。

考えてみれば、日本では、家計や投資や資産運用について学ぶ機会はほとんどありません。大学で教鞭《きょうべん》をとるようになって気づいたのですが、こうしたことは、小学校から大学まで、ほとんど学ぶ機会がないのです。大学の「金融論」という科目でさえ、金融理論や金融政策についての講義が中心で、投資や資産運用といった「実際の生活に役に立つ事柄《ことがら》」は教えられていません（そもそも、教える側《がわ》が投資の素人《しろうと》であるという事情も背景にあるようですが……）。

サラリーマンになってからも、仕事と関係ない、個人の金融資産等について学ぶ機会は限られていますし、自分から積極的に学ばない限り、誰かが教えてくれるわけでもありません。

アベノミクスが始まるまでは、それでも問題はありませんでした。しかし、アベノミクスにより株価が上がり、デフレからインフレに転換したことで、投資を考える人が増え始めました。

投資じたいはインフレに備えるために重要なことですが、知識も経験も乏しい人が、「インフレに転換したのですから、投資をしないと――」といった誘い文句に乗せられて大きな損失を被る《こうむ》リスクが格段に高まったと思います。加えて、株価上昇で他人が儲《もう》けた話が聞こえてくるようになると、「彼でさえ投資で儲けたのだから、自分も」と考えて欲を出す人も増えているでしょう。これも危険な状態です。

こうしたことから、「投資の経験も資産運用の知識も乏しい人が、インフレ時代にいかにして退職金を守るか」という本の必要性が高まっている、と筆者は強く感じるようになりました。

したがって本書は、投資の初心者が、書いてある通りに退職金を運用すれば、長生きのリスクとインフレのリスクに対処できる、という「守りのマニュアル」を目指したものです。加えて、自分なりの工夫をしようという読者のために、知っておくべきことや注意すべき点なども記しました。

本書の構成は、以下の通りです。

序は、退職金・運用マニュアルのエッセンスです。最初に結論を記すことにより、「金融知識がほとんどない方でも、マニュアル通りに資金を動かせば、適切な資産運用が可能になる」ことを目指した、守りの運用例を示します。

第1章では、老後に必要な資金がどれくらいか、見当《けんとう》をつけていただきます。「退職金で住宅ローンを返済したうえで70歳まで食いつなげれば、その先は年金で何とかなりそうだ」と理解していただいたあとに、日本経済の30年後について考え、インフレは進むのか、年金は支払われるのか、等々について検討します。

第2章から第4章は、基礎編です。第2章は、老後の資産運用の心構《こころがま》えを記しました。適切な資産運用とは「長生きした場合でもインフレが来た場合でも困らないような備え」である、と示したうえで、分散投資によってリスクを抑《おさ》えることの重要性を説いています。

第3章では、第4章に登場する金融商品および年金に関する基礎知識を記しておきました。投資をする以上は、どのような商品でどのような長所と短所があるのか、知っておくべきだからです。

第4章では、序で示した運用例について、詳しく説明を加えてあります。モデルケースを設定して、各年齢の時に何をどれだけ購入すればよいか、という数値例を示しましたので、読者の年齢、資産状況などに応じて適宜《てきぎ》微調整しながら投資をしていただければと思います。

第5章は、応用編です。投資には不慣れだが、第4章のような「おしきせ」では飽き足らないので自分でも工夫してみたい、という方のために、役に立ちそうな基礎知識を記したものです。

第6章では、相続や遺言《ゆいごん》、遺書など「終活《しゅうかつ》」をどうすべきか記しました。

なお、本書は二〇一四年十月現在の法律、制度等を前提として執筆していますが、さまざまな制度の変更や新商品の発売等があり得ますので、実際の取引に際しては、金融機関などで最新の情報をご確認下さい。

最後に、本書の出版に際しては、ファイナンシャル・プランナーの深野康彦《ふかのやすひこ》先生および守田弘美《もりたひろみ》先生に懇切丁寧《こんせつていねい》なご指導をいただいたほか、構想段階から出版に至るまで祥伝社新書編集部の飯島英雄氏に大変お世話になりました。この場を借りて、御礼申し上げます。

二〇一四年十月

塚崎《つかさき》　公義《きみよし》

目次

第2章

退職金運用の前に

第3章

金融商品と年金の基礎知識

第4章

退職金運用のモデルケース

第５章

はじめての投資と運用

第6章
相続と遺言《ゆいごん》

図表作成　篠　宏行

序　これが結論！　退職金運用マニュアル

はじめに、資産運用の初心者が退職金をどのように運用すべきか、手本となるマニュアルを示します。「金融知識がほとんどない方でも、本章のマニュアル通りに資金を動かせば、適切な資産運用が可能になる」ことを目指した運用例です。

理由や理屈はともかく、とりあえず何をすればよいのかを知って安心しましょう。不安を取り除くことが先決《せんけつ》です。

主人公は55歳サラリーマン男性、専業主婦の妻と子ども2人（社会人1年目と大学4年生）の4人家族です。60歳定年ですが、65歳までは定年後再雇用され、生活費は稼《かせ》げると仮定します。また、60歳時点の純金融資産（退職金受け取り後、借金差し引き後）を2400万円としました。

本書がすすめる基本コンセプトは、次の五つです。

①金融資産と負債の両建《りょうだ》ては避《さ》け、住宅ローン等の負債残額は退職金で返済する。
②公的年金の受給開始をできる限り遅くする。
③今後10年間で、徐々に株式と外貨を購入する。
④生命保険は加入せず（現在の契約は見直し）、火災保険等は状況に応じて検討する。
⑤余裕があれば、長生きした時のための保険として、個人年金保険の終身年金（逓増型《ていぞうがた》）に加入する。

次に、具体的な数値を入れたモデルケースをご説明します。

まず55歳の時点で、金融資産のうち３００万円を超えている部分は、住宅ローンの返済に用います。３００万円は、突然の出費に備えて手元に置いておきましょう。その後も定年まで、金融資産を３００万円残して、余裕資金（給料のなかで使い残した部分）は住宅ローンの返済に用います。

さらに、今後10年かけて、毎年21万円ずつ日本株ETF（第3章で詳述）を購入し、さらに毎年21万円ずつ外貨を購入していきます。

退職金を受け取ったら、借金はすべて返済します。その後、退職金の残りを用いて、すこしずつ（3年間かけて）1130万円の物価連動国債と150万円の変動金利型国債（ともに第3章で詳述）を購入します。

そして、当面の生活に必要な資金は普通預金とし、残りは定期預金にします。

以上駆《か》け足《あし》ですが、結論を先に述べました。このモデルケースの詳細は第4章にあります。お急ぎの方は、そちらを先にご覧になられてもかまいません。

第1章

老後の資金はいくら必要か?

老後の資金はいくら必要なのでしょうか。世の中にはさまざまな情報が飛び交《とか》い、不安に感じている方も多いでしょう。しかし、サラリーマンは退職金も年金も出ますから、それほど心配することはありません。普通のサラリーマンがすこし倹約すれば大丈夫だ、ということを、まず認識しましょう。残念ながら自分は貯金が足りないと感じた人は、これを機《き》に生活を見直して倹約をしましょう。

しかし、老後は長いですから、30年先の経済は現在と様相《ようそう》が異なるかもしれません。そこで、少子高齢化で日本経済はどう変わるか、インフレや年金などがどうなるのか、も考えておきましょう。

「老後に1億円必要」は本当か?

老後資金はいくら必要か? 誰でも知りたいし、自分の資産で足りるか否《いな》か、不安です。

巷《ちまた》には「老後に1億円必要」などの情報も出回っていますから、ますます不安になるでしょう。しかし、老後にも年金の収入がありますから、「今現在あなたの資産が

1億円なければダメだ」というわけではけっしてありません。

ただ、老後は長い――。そのことは肝《きも》に銘《めい》じておいて下さい。60歳の平均余命は男性が23・14年、女性が28・47年です（厚生労働省 平成25年「簡易生命表」）。ちなみに平均寿命は男性80・21歳、女性86・61歳ですが、これは新生児が何年生きるか、を表わしたもので、60歳になる前に亡《な》くなる方も含めた平均です。ですから、60歳まで生きていた人だけを平均すると、平均寿命よりも長生きすることになるのです。

したがって、夫が60歳の男性で、妻が2歳下の専業主婦だとすると、平均で30年は妻の生活を支える必要があるのです。平均以上に長生きする可能性もけっこう高いので、そのこともしっかり認識しておきましょう。

長生きすることは良いことです。しかし、長生きしたために生活資金が底をついてしまった、というのでは、幸せな老後は送れません。長生きをしている間にインフレになって、せっかくの蓄えが目減《めべ》りしてしまった場合も、同様です。そうならないために、しっかりと準備をしておきましょう。

そこで、まず老後の生活費がどれくらい必要なのかを見てみましょう。図表1は、総務省の平成24年と同25年の「家計調査」（以下「家計調査」）によるもので、平均的な無職世帯の収入と支出について見たものです。

これによると、70歳以上の高齢者世帯は毎月4万円ほど（年間では50万円ほど）貯金を取り崩していることがわかります。60代の赤字額が大きいのは、60代前半に年金が受け取れないいっぽう、体が動く間は諸活動にともない、出費が嵩《かさ》むのでしょう。加えて、子どもが同居している人も多いようです。

年金はいくらもらえるか？

本書は退職金についての本ですから、読者はサラリーマンだと思われます。そうなると、ひとつ明るい話が加わります。

図表1は自営業の方も含めた平均ですが、サラリーマンと自営業者の大きな違いは、年金制度が異なることです。自営業者の年金が国民年金だけであるのに対し、サラリーマンは厚生年金（公務員等の共済年金を含む。以下同様）が上乗せされます。

つまり、サラリーマンのほうが、老後の年金を多く受け取れるのです（第3章参

図表1　無職世帯（2人以上の世帯）の収入と支出

	60～69歳	70歳～
収入	207,635 (202,984)	218,692 (222,964)
（うち社会保障給付）	166,438 (162,119)	193,916 (196,505)
支出	312,219 (292,474)	263,727 (260,864)
収支	-104,583 (　-89,490)	-45,035 (-37,901)

※1世帯あたり1カ月間の金額（単位：円）、カッコ内は平成24年

（出所／総務省 平成24、25年「家計調査」）

照）。企業によっては、企業年金（公務員は職域加算）がさらに上乗せされる場合もあります。これは企業や個人によって大きく異なりますから、詳しくは触れませんが、各自で勤務先に確認してみて下さい。

定年後のプランを考えるような年齢になったら、日本年金機構から毎年誕生月に送付される「ねんきん定期便」で、自分が受け取れる年金額を確認しましょう（図表2）。「ねんきん定期便」が手元になければ、年金事務所に予測される年金の金額を問い合わせることもできます。

なお、共済年金の方は、日本年金機構（あるいは年金事務所）と共済事業団の両方

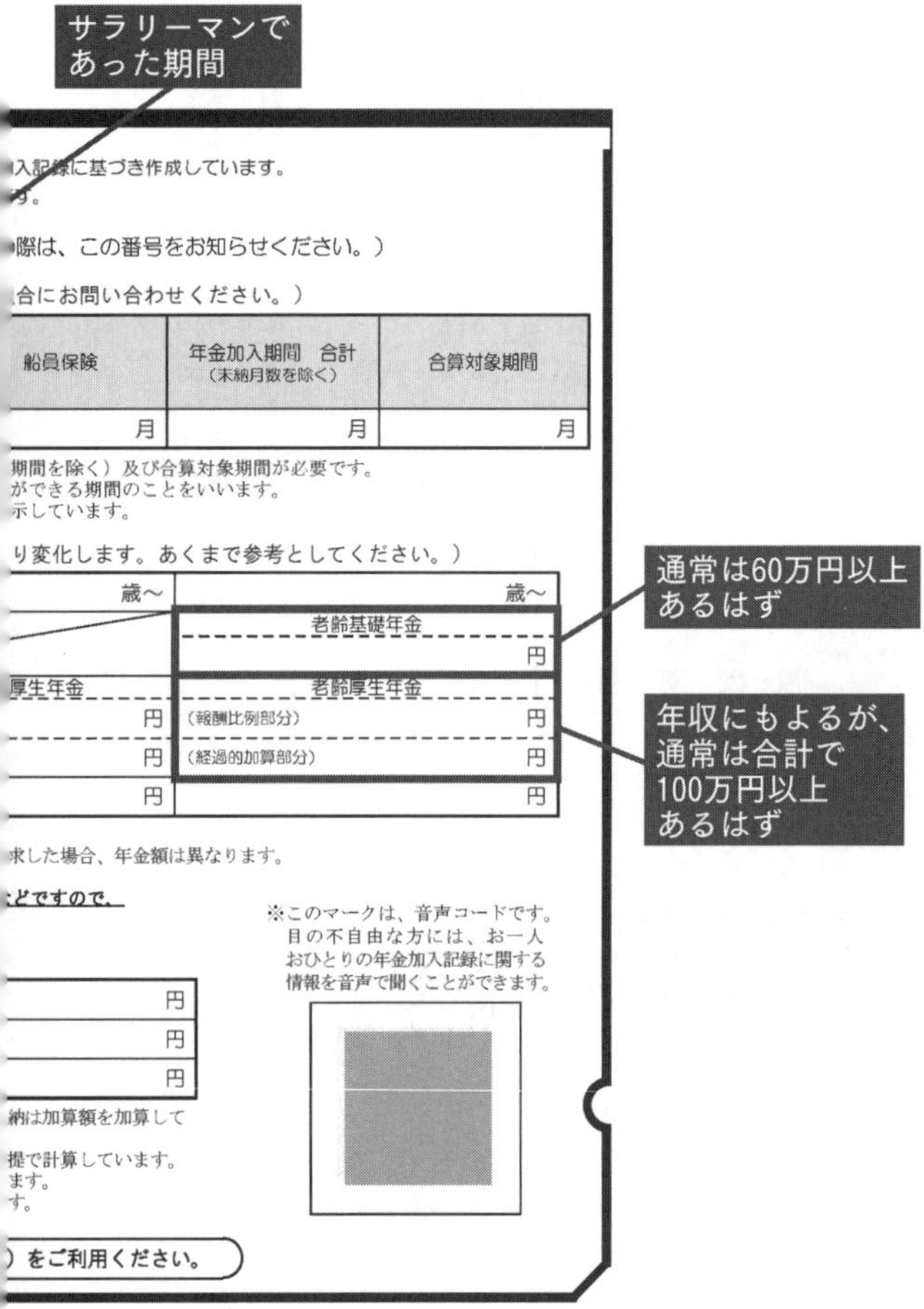
サラリーマンで
あった期間
入記録に基づき作成しています。
す。
際は、この番号をお知らせください。）
合にお問い合わせください。）
船員保険
年金加入期間　合計
（未納月数を除く）
合算対象期間
月
月
月
期間を除く）及び合算対象期間が必要です。
ができる期間のことをいいます。
示しています。
り変化します。あくまで参考としてください。）
歳～
歳～
老齢基礎年金
円
厚生年金
老齢厚生年金
円
（報酬比例部分）
円
円
（経過的加算部分）
円
円
円
通常は60万円以上
あるはず
年収にもよるが、
通常は合計で
100万円以上
あるはず
求した場合、年金額は異なります。
どですので、
※このマークは、音声コードです。
目の不自由な方には、お一人
おひとりの年金加入記録に関する
情報を音声で聞くことができます。
円
円
円
納は加算額を加算して
提で計算しています。
ます。
す。
）をご利用ください。

（出所／日本年金機構、説明／筆者）

図表2「ねんきん定期便」の見かた

学生、自営業者などであった期間

専業主婦であった期間

公務員などであった期間

ねんきん定期便

この「ねんきん定期便」は、平成　年　月　日時点の年金加

なお、下記の内容には、国民年金保険料を前納した期間も含まれ

照会番号　　　　（お問い合わせの

1．これまででの年金加入期間（共済組合の加入期間は含まれていませんので、各共済組

国民年金			厚生年金保険
第1号被保険者（未納月数を除く）	第3号被保険者	国民年金　計（未納月数を除く）	
月	月	月	月

※老齢年金の受け取りには、原則として３００月以上の年金加入期間（未納期間および同月内での重複加入

※合算対象期間とは、年金額には反映されませんが、老齢年金を受けるために必要な期間としてみなすこと

上表の「合算対象期間」欄には、国民年金の任意加入期間のうち、保険料を納めていない期間の月数を表

2．老齢年金の見込額（ご自身の加入状況の変化や毎年の経済の動向など種々の要因によ

年金を受給できる年齢		歳～	
年金の種類と年金額（1年間の受取見込額）	基礎年金		
	厚生年金	特別支給の老齢厚生年金 （報酬比例部分）　円 円	特別支給の老齢 （報酬比例部分） （定額部分）
年金額（1年間の受取見込額）		円	

※老齢年金の見込額は、現在の条件で６０歳まで加入したと仮定して計算しています。

※本来の支給開始年齢で受給した場合の見込額を表示しています。支給開始年齢を繰り上げて（繰り下げて）請

※厚生年金基金から支給される額を除いて計算しています。

※<u>老齢年金の見込額が表示されていない場合は、ご自身の年金加入期間のみでは３００月に達しない場合な</u>

<u>お近くの年金事務所にお問い合わせください。</u>

（参考）これまでの保険料納付額

（1）国民年金（第1号被保険者期間の保険料納付額）	（累計額）
（2）厚生年金保険（厚生年金保険被保険者期間の保険料納付額）	（累計額）
これまでの保険料納付額【（1）＋（2）】	（累計額）

※国民年金の保険料納付額は、加入期間当時の保険料額を使い、付加保険料は含め、前納は割引額を控除し、追

計算しています。

※厚生年金保険の保険料納付額は、加入期間当時の標準報酬（月）額を基に、当時の保険料率を使い、以下の前

・被保険者と事業主が折半して負担していますが、ここでは、被保険者本人が負担した額について計算してい

・厚生年金基金加入期間は、免除保険料（事業主が厚生年金基金に納付する保険料額）を除いて計算していま

（裏面「最近の月別状況です」の保険料納付額も同様に計算しています。）

さらに詳しくご自身の年金加入記録をご確認いただく場合は、「ねんきんネット」（裏面参照

に問い合わせて、合計した額が将来の年金と考えてよいのですが、二〇一五年十月以降、厚生年金と制度が統合される予定なので、統合作業の際に、合計額と異なる金額となる可能性があることにご注意下さい。

また、報酬比例部分が極端に少ない方は、まず勤務先の人事担当者に問い合わせてみましょう。厚生年金基金に加入していて、「ねんきん定期便」に掲載されない年金が別途支払われるケースがあるからです。

ちなみに、厚生労働省の試算では、夫が40年間会社員で厚生年金に加入、月給が36万円（会社員平均）で、妻がずっと専業主婦であった場合、夫婦合計の年金額は23万円弱になります。

「家計調査」によると、70歳以上の無職世帯の支出は月平均26万円強ですから、毎月の不足額は3万円程度、年間で36万円程度になります。65歳から70歳までの生活費は毎月30万円程度（図表1）だとすれば、１００歳まで生きたとしても、１５００万円プラス２００万円（万《まん》が一《いち》の出費への備えであり、何もなければ遺産として葬儀費用になる部分）があれば足りる計算です。

ここでは、60歳定年で65歳までは定年後再雇用となり、その間の5年間は収入と支出が同額である、という家計について考えています。定年後再雇用の制度がなくても、その間は何とか働いて生活費の一部でも稼ぐ必要があるでしょう。

実は、この試算には、甘すぎるところと厳しすぎるところがあります。図表１の集計対象には、無職の子どもが親と同居しているケースなども含まれており、夫婦２人だけの家計の生活費は23万円程度と想像されます。つまり、夫婦２人だけの老後に月26万円という支出を予測するのは厳しすぎる、ということになります。

いっぽうで、今後は少子高齢化によって年金財政が厳しくなり、年金受給額がすこしずつ目減りしていくことも覚悟しておかなくてはなりません。ここでは、両方が相殺《そうさい》し合っているという前提で、この試算を使っているわけです。

年金の受け取り時期はいつが良いか？

年金は、原則として65歳から受け取れますが、希望すれば受け取り開始時期を60歳に早めることも、70歳まで遅らせることも可能です。なお例外として、一九六一年四月一日以前に生まれた男性と一九六六年四月一日以前に生まれた女性は、年金の一部をすこし早くから受け取れます。

もちろん、若い時から受け取りを開始すれば、その分だけ毎月の受給金額が減りますし（60歳から受け取る場合は30％減）、65歳を過ぎても受け取りを我慢《がまん》していれば、その分だけ毎月の受給金額が増えます（70歳から受け取る場合は42％増）。つまり、自分が早死《はやじに》するとわかっていれば、受け取り開始時期を早くすべきで、長生きするとわかっていれば遅らせるべきなのです。

実際には、自分の寿命は予想できませんから、本書は「長生きして生活費が底をつく」リスクを避けることを重視しています。したがって、できるだけ受け取り開始時期を遅らせるべきだと考えています。

自分は早死しそうだから、早めに年金を受け取りたい、という方もいらっしゃるでしょう。それはそれで合理的な選択です。また、65歳まで暮らしていくだけの蓄えがない、という方もいらっしゃるでしょう。そういう方は60歳から年金を受け取る必要があるでしょう。

もっとも、本書は老後資金の運用の本なので、残念ながらそうした方々のお役には立てません。早死しそうな方はともかく、運用する資金がない方は、定年後再雇用が無理でも、なるべく65歳まで働くこと、「生活費を見直そう」などといった本をお読みになることをおすすめします。

というわけで、本書は60歳から年金を受け取るという選択肢は考えません。無理をしてでも、たとえ蓄えが65歳までにほとんど消えたとしても、年金の受け取りは65歳まで我慢すべきです。言い換えれば、「退職金の最良の運用方法は（借金の返済を別とすれば）、年金の早期受け取りを我慢するための生活費に使うこと」なのです。

さらに、すこしでも余裕があるならば、本書としては、「長生きして蓄えが底をついてしまうリスク」を考えて、年金受給年齢を70歳にする、という選択がおすすめです。70歳まで年金受け取りを我慢すると、その代わりとして、70歳以降の毎月の受給額が42％増額されるので、「家計調査」の平均支出を上回る年金が期待できます。退職金などで70歳まで食いつなぐことができれば、老後の生活としてはいちおう安心だと言えるでしょう。

そのためには、65歳から70歳までの支出を毎月30万円として、何かあった時に備えた手元資金（何もなければ葬儀費用として遺産になる）を200万円程度持っておくとして、2000万円程度あれば大丈夫、という計算です。もちろん、余裕資金額によっては、69歳または68歳からの受け取りという選択肢もあります。

この計算は、すこし厳しめに見た数字ですので、2000万円あれば大丈夫、という安心材料だと考えて下さい。

ちなみに、一部報道によれば、75歳まで年金受給を待つことができるような制度改正が検討されているようです。制度改正が実現した場合には、75歳まで食いつなぐ手元資金があることを前提として、これも前向きに検討したいものです。

それでも余裕がある場合にどうするか、というのが本書のここから先の関心事項になるわけです。

高齢者の貯蓄状況

以上のように、65歳時点で1700万円から2000万円程度あれば、いちおう安心だということになります。では、みなさんは65歳の時にどれくらいの貯蓄を持っているのでしょうか。次項では、みなさんそれぞれに計算してみていただきますが、その前に平均的な高齢者の貯蓄残高を見てみましょう。

「家計調査」によれば、世帯主が60歳以上の家計（２人以上の世帯）の４割は、２０００万円以上の貯蓄を持っています。貯蓄残高が１５７８万円以上の世帯が全体の半数です。この統計には自営業者、退職金を受け取る前のサラリーマン、退職金を使い果たしてしまった超高齢者のみならず、サラリーマンになれずに非正規雇用者であった人なども含まれていることを考えれば、本書の読者の多くは「何とかなりそうだ」と感じておられると思います。

読者が現役サラリーマンであれば、貯蓄はそれほど多くないのが普通ですが、退職金（および親からの遺産）を含めれば、２０００万円になる家庭は多いはずです。

ちなみに、一生同じ職場に勤めて退職した場合の退職金は、大卒で２２００万円程度、高卒事務系で２０００万円程度、高卒現業職で１５００万円程度となっています（厚生労働省「平成25年　就労条件総合調査結果の概況」）。つまり、退職直前の預貯金や保険などが住宅ローンとおおむね見合っていれば、退職金だけで老後の生活費は何とかなる人が多いのです。

もっとも、退職金は企業規模別にも大きな差がありますから、一概《いちがい》には言えないので、定年後のプランを考えるような年齢になったら、人事部に予想される退職金の金額や企業年金などについて聞いておいたほうがよいかもしれません。なかには、退職金の制度などがない会社もあるので、要チェックです。

65歳時点の資産を計算する

現役の方は、まず退職日の資産負債状況を予測してみましょう。それを出発点として、今度は65歳時点での資産負債状況を予測してみて下さい。すでに退職後の方は、現在を出発点として65歳時点での資産負債状況を予測してみて下さい。

まず、年間の収入と支出を把握《はあく》しましょう。細かい支出内容を記録するのが面倒ならば、とりあえず昨年1年間の収入と支出と差額だけ求めてみましょう。銀行の預金通帳を見れば、だいたいの見当はつくでしょう。貯金を下ろして株を買った場合などは、貯金が減っていても家計が赤字になったわけではないので、支出には含みません。

多少なりとも項目別に見るのであれば、保険料、通信費、自家用車関係費、交際費などを洗い出して、削《けず》れるか否か、年齢とともに減っていくか否か、などを検討します。また、教育関係の費用も把握しておきます。これは、削る対象というよりも、将来負担が減ると予想できる項目だからです。項目別支出を見る際には、クレジットカードの利用明細表などがあると便利です。

夫婦で老後に関する共通の認識を持つ意味からは、共同作業が望ましいです。少なくとも、現在の家計がどうなっているのかは、夫婦で情報を共有しておきたいものです。しかし、「夫が私のやりくりにクレームをつけている」と妻が思うようだと最悪なので、くれぐれも無理をしないことが大事でしょう。

次に、現在の資産と負債をすべて書き出します。生命保険については、満期が65歳以降であっても、資産として考えましょう。次に、退職日および65歳までの収入と支出を予測して、金融資産がどれくらい増えそうか、負債がどれくらい減りそうか、その結果、退職日および65歳時点の資産と負債が、退職金以外でどれくらいになりそうか、予想します。これに退職金などを加えれば、出来上《できあ》がりです。

65歳時点で2000万円あれば、いちおう安心でしょう。1500万円でも、何とか大丈夫でしょう。それ以下でも、親からの遺産が期待できれば大丈夫でしょう。そうでない場合には、すこし節約するかアルバイトなどをする必要があるかもしれません。

2000万円以上残りそうだ、という方は、上回る部分をどうするか考えてみましょう。「海外旅行や趣味など、人生を楽しむために使う部分」「おおいにリスクをとってもいいから、増やすために株式投資などで積極的に運用する部分」「将来のインフレや病気などに備えて、大切に守っていく部分」にそれぞれどれくらいを割り振るか、おおまかなイメージを持っておきましょう。

ひとつ注意すべきことは、前述の試算は平均的な家計についての試算だということです。みなさんの老後の支出は、平均的なもので足りるでしょうか？　それを予想するために、現在の支出が平均より多いか少ないかを計算してみましょう。

「家計調査」によると、50代後半のサラリーマン家庭は、世帯人員が３・２人、１カ月あたりの可処分所得が47万円、消費支出が35万円（１人あたり11万円）となっています。みなさんのご家庭の支出がこれより多ければ、老後の資金をもうすこし多めに用意するか、生活をもうすこし切り詰めるか、対策が必要になりそうです。

ここまでの計算の結果、比較的多くの読者が「老後の生活は何とかなりそうだ」と考えていいようですが、いかがでしょうか。

「老後の生活は何とかなりそうだが、将来のインフレや病気などに備えておく部分をどう運用したらよいだろう？」と考えている方、ぜひ次章以降を参考にして下さい。

なお、「今の資産では、老後の生活に足りなそうだ」と考えた方は、生活を見直して下さい。すこしでも働き、倹約し、足りるように努力して下さい。世の中には、「年金だけでは足りないから、退職金を年率４％で運用して不足分を埋めましょう」といった投資の指南書が多数ありますが、投資にはリスクがありますから、儲《もう》けようと思って投資をすれば損をすることもあります。

ただでさえ老後の資金が足りない人が投資をして失敗したら、目も当てられませんから、そのような書籍の姿勢には賛同できません。そもそも、年率4％で確実に運用できる方法があるなら、年金で足りようと足りまいと、誰でも運用すべきですが、少なくとも筆者は聞いたことがありません。

退職後にすべきこと

さて、ご自分の老後の生活について、イメージがつかめたでしょうか？　多くの方は、今までご自分の資産状態や老後の収入と支出などに思いを巡らす時間がなかった、あるいは仕事で疲れて、思いを巡らす気にならなかったのではないでしょうか。

退職して時間ができたら、まずは「自分のお金」に興味を持ちましょう。本書を読んでいる読者は、すでに勉強を始めているのですから、ぜひ、続けて下さい。退職前に本書を読んでいる方がいれば、それはさらにすばらしいことです。

最初に、どれだけ収入があって、どれだけ支出があるのか、といったことを考えてみましょう。年金はいくら受け取れるのか、自分が死んだら家族がもらえる年金はいくらあるのか、等々を調べておきましょう。

次に、年金などの制度について勉強しましょう。年金の制度は複雑で、ちょっとしたことで大きく得したり損したりする可能性もあります。

まず、若干《じゃっかん》の手続き等によって受取額が増えるといった可能性もあります。特に手続きが漏《も》れていた場合に年金が受け取れなくなる可能性があり、この手続きの漏れをあとから補《おぎな》うことができれば、非常に大きなプラスになります。

また、厚生年金に20年以上加入していると夫婦それぞれに加算がつきますので、たとえば加入期間が19年にとどまっている人は、何としてでもあと1年加入し続けて下さい。定年後再雇用してもらえればよいのですが、パートの仕事でも勤務時間と勤務日数が多ければ厚生年金に加入できます。

もうひとつ重要なことは、これまで勤務先がしてくれていた諸手続きを自分で行なう必要が出てくることです。たとえば、健康保険も自分で管理する必要があります。国民健康保険は、収入に応じて支払額が決まるので、その書類などを持って手続きをする必要があるのです。どんな手続きが必要か、どのような控除《こうじょ》や割引等の制度があるのか、といったことを調べる必要が出てくるかもしれません。

もっとも、勤務先の健康保険を2年間任意継続する選択肢があり、これを利用したほうが退職直後に国民健康保険に加入するよりも保険料が安くなる場合が多いので、こちらをまず検討しましょう。これには、国民健康保険の保険料は、前年の所得に応じた金額になるため、退職直後に加入すると保険料が高額になりかねないこと、勤務先の健康保険のほうが国民健康保険よりも若くて元気な加入者の比率が高いこと、などが寄与しているようです。

保険を徹底的に見直す

退職を機に、支出の内容を見直すことも重要です。支出の見直しとしては、まず自分が加入している保険などの内容を見直してみましょう。

健康保険は、会社で加入していても退職後に自分で国民健康保険に加入していても、万が一医療費が高額になった場合、一定以上の負担部分をカバーしてくれますから（高額療養費制度）、自己負担には上限があるのですが、これを知っているだけで、かなり安心ですし、保険を見直す際の参考にもなるでしょう。

見直した結果、「すでに加入している健康保険だけで十分で、別途《べっと》民間保険会社の医療保険などに加入する必要はない」と考える方も多いと思います。実際、300万円程度の蓄えがあれば、医療保険への加入は必要ない、と言っているファイナンシャル・プランナー（FP、42ページ参照）は少なくありません。

生命保険に関しては、「よくわからなかったが、何となく保険に入っておけば安心だと思い、販売員にすすめられるままに加入した」という人も少なくないでしょう。ちなみに、義理と人情とプレゼント、いわゆる〝GNP〟が決め手だと言う生保レディも多いようです……。

こうした保険についてじっくり勉強して、本当に必要か否か、慎重に見直してみることも重要です。筆者は、定年前後のサラリーマンにとって生命保険は不要だと考えていますが、これについては第3章で詳述します。

火災保険、自動車保険などについても、見直しましょう。自宅が一戸建ての場合には、火災保険料が高いいっぽう、中古の建築物にはほとんど価値がなく、自宅の価値のほとんどが土地である場合も少なくありませんから、「万が一火事になったら土地を売って都心の小さなマンションに夫婦2人で住む」という選択肢を検討しましょう。「万が一の場合は、親が遺《のこ》した田舎の古屋《ふるや》に住めばよい」といった覚悟がある場合にも、加入は不要でしょう。

火災の場合に、保険金が何円受け取れるのかを調べたうえで、「そもそも火災保険は家を元に戻すためのものではなく、新しい生活を始めるためのセットアップ費用程度のものである」ことを理解したうえで、慎重に考えましょう。住宅ローンを借りている間は保険が解約できない場合もありますが、退職金で住宅ローンを返済してしまえば、そうした制約はなくなるはずです。

自動車保険については、自動車を運転する以上は必要でしょうが、そもそも自家用車は必要でしょうか？　自家用車の維持費は駐車場、車検、買い替え費用等々を合計すると相当の金額になりますし、高齢になると反射神経が衰《おとろ》えて運転のリスクが増すことも考えられるので、「自家用車を売却して、ふだんは電車とバスで移動する。場合によりタクシーに乗ったりレンタカーを借りたりする」というライフスタイルについても検討してみましょう。

地方では車がないと生活に不便な場合も多いでしょうが、その場合にも「夫の通勤用と妻の買いもの用に2台持っていた車を1台にする」などといった工夫の余地はあるはずです。

保険以外にも、クレジットカードに多数加入していて年会費を払い続けている、ビジネスマンとして経済雑誌を定期購読していたが定年後は読みそうもない、といった支出項目も、要チェックです。特に、自動引き落としになっている支出は、積極的に見直さないと自動的に支払いが続いてしまうので要注意です。

家計簿をつけると、無駄が見えてくるかもしれません。加えて、家計簿をつける行為そのものが、無駄な支出を抑えようという意識を高めるかもしれません。「毎日体重計に乗ると痩《や》せる。それは、常に体重のことを意識しながら暮らすようになるからだ」というダイエットの話を聞いたことがありますが、同じ理屈ですね。

生活費を見直すに際し、プロのアドバイスが欲しい、という場合には、ファイナンシャル・プランナーに相談してみましょう。節約のしかたを指南してくれたり、老後の生活資金が不足しているか否かを試算してくれたりします。

ちなみにファイナンシャル・プランナーとは、家計のさまざまな事柄について、相談に乗ってくれるプロです。資格試験に合格し、豊富な知識を持ち、アドバイスをしてくれる「家計のホームドクター」というわけです。

相談する場合には、日本FP協会のホームページ（巻末の参考ホームページ❶）で地域や相談内容に応じたファイナンシャル・プランナーを検索することができます。相談料は、おおむね1時間で5000円から1万円程度ですが、念のため、事前に料金を確認しておきましょう。

定年後の働き方

投資の話からは離れますが、可能ならば、老後も仕事をしましょう。日本の高齢者は元気です。高度成長期の65歳と現在の65歳では、比較にならないほどです。また、今後は少子高齢化により、人手不足の時代を迎えますから、景気動向にもよりますが、高齢者が働こうと思えば、仕事が見つかる可能性はけっこうあるかもしれません。

非正規雇用でも、給料が安くてもかまわないでしょう。働くことで社会との繫《つな》がりを保ち、定年にともなって突然暇《ひま》になるという激変を緩和《かんわ》できるというメリットも大きいからです。

正社員になれればさらに良く、専業主婦である妻が国民年金の保険料を払わなくてすむ、自分も家族も企業の健康保険組合に加入できる、といったメリットをはじめ、さまざまな面で特典が受けられるのです。

「働いて収入を得ると、年金の受取額が削減される」と言う人がいますが、気にする必要はありません。第一に、年金の受け取り開始を70歳まで待つことが本書のおすすめですから、70歳までは年金受取額が減ることを気にせずに働くことができます。

年金受け取り開始を待たない場合でも、働きましょう。働くことによって、今まで挙げたさまざまなメリットがありますし、年金が減らされるといっても、給料と年金の合計額は働くことによって増えるのですから、働かない理由にはならないでしょう。

なお、定年後に働く時には、現役時代の自分とは置かれた立場がまったく違うのだ、という現実をしっかり認識する必要があります。

そうでないと、現役時代の自分と比べて「こんなつまらない仕事をこんな安い給料で」と不満に思ったり、自分が自然に振る舞ったつもりでも周囲の人々から偉そうな態度に見えてしまったりして、ハッピーな第二の人生が送れなくなってしまうからです。マインドセットを切り替えて、「仕事があって収入があるだけ幸せだ」と考えるべきでしょう。

仕事がすぐに見つからない場合には失業手当、65歳以上であれば高年齢求職者給付金を受け取りながら仕事を探すことができますので、手続きをします。

妻がパートの仕事をしている場合には、ぜひ続けるべきです。103万円の壁（年収がこれを超えると、夫が配偶者控除を受けられない）を忘れて、130万円（年収がこれを超えると、年金の支払い義務が生《しょう》じる）まで遠慮なく働くことができるでしょう。状況によっては、130万円を超えても働いたほうが得な場合もあります。

日本の財政は破綻《はたん》するか？

本書は、長生きをした場合に備えた投資の本です。そのためには、30年後に日本経済がどうなっているのかを考えてみる必要があります。

ちなみに読者夫婦のうち、少なくともいっぽうが30年後も生きている可能性は、かなり高いと考えて下さい。国立社会保障・人口問題研究所の「日本の将来推計人口」を用いて計算すれば、二〇一〇年時点で50代後半の男性が30年後の二〇四〇年にも存命の確率は43％、女性は67％、男性が40年後も存命の確率は10％、女性は27％です。

「来年の経済の予測もはずれるのに、30年後が予測できるのか？」という疑問をお持ちの方も多いでしょうが、30年後は少子高齢化が非常に進んでいることだけは確かですので、その情報から何が予測できるかを考えてみましょう。

少子高齢化が進むと、物を使う人がすこし減るいっぽうで、物を作る人が大幅に減るので、物が足りなくなります。そうなると、物価が上昇する（＝インフレになる）でしょう。極端な場合には、現役世代が全員で高齢者の介護をするので、製造業で働く若者がいなくなり、輸入が急増するでしょう。そうなると、輸入のためのドル等の外貨が大量に必要になり、日本が外国に持っている外貨資産が足りなくなり、ドル等の値段は今よりもはるかに高くなるでしょう。そうなれば、輸入品の価格が上昇して、インフレが進むでしょう。

インフレの要因は少子高齢化以外にもあります。まず、アベノミクスで日本銀行（以下、日銀）がマイルドな（年率2％程度）インフレを目指しているのですから、マイルドな物価の上昇を予想するのは自然なことです。仮に年率2％のインフレが30年続くと、物価は1・8倍になります。これは複利計算なので、1・6倍ではなく1・8倍になるのです。

また、老後の30年以上という長いタイムスパンで考えると、大災害が起きる確率はけっして低くありません。大災害で日本経済が壊滅的な打撃を受け、生産力が激減するとすれば、物資が決定的に不足し、激しいインフレが来るかもしれないのです。不足した物資を輸入すると、今度は輸入代金のドル買いが殺到してドル高になり、輸入物価が高騰《こうとう》することになるでしょう。

こうしたことを考えれば、長期的な視野でインフレにも負けないように資産を守るために何をすればよいのか、が重要となるのです。

財政赤字はどうなっているでしょうか。「高齢化が進むと、納税者が減るいっぽうで年金や医療費の支払いが増えるから、財政は破綻する」と考えている人は多いのですが、これは何とも言えません。今後は人手不足が予想され、「増税をして景気が悪化したら失業が増えてしまう」といった心配をせずに増税をすることができるからです。むしろ、「増税をして景気を悪化させないと、インフレになってしまう」という状況になり、頻繁《ひんぱん》に増税が行なわれるかもしれません。

しかし、適切な増税が行なわれなければ、財政は悪化を続けるでしょう。そうなると、日本政府が破産するという噂《うわさ》が広がり、外国人投資家は日本国債を売って本国に資金を持ち帰るでしょう。そうなれば、ドルの値段が急騰し、輸入物価も高騰するでしょう。

実際に日本政府が破産することは考えにくいです。どうしても資金が足りなければ日銀に紙幣を印刷させればよいからです。しかし、そうなると激しいインフレになってしまう可能性は高いでしょう。

ちなみに、「日本政府は破産するかもしれないから、日本国債は持ちたくない」と考える読者がおられるかもしれませんが、そう考えるならば、外貨を多めに持つことをおすすめします。日本政府が破産する時は、日本の銀行に預金していても、日本企業の株を持っていてもダメでしょう。いっぽうで、激しいドル高円安になるでしょうから、外貨を持っていれば安心なのです。

年金制度は破綻するか？

年金および年金制度は大丈夫でしょうか。年金も、少子高齢化で年金保険料を納める人と年金を受け取る人の比率が変わっていくため、破綻するのではないかと心配している人が大勢います。

しかし、「年金制度が破綻して年金が支払われない」ことはないでしょう。そうなれば、生活保護を受ける高齢者が圧倒的多数となり、財政が持たなくなるので、政府としては何としても年金制度は維持するでしょう。年金が払えなくなりそうならば、日銀が紙幣を印刷してでも支払うでしょう。それによりインフレになるかもしれませんが、その分も基本的には年金が増額されるでしょう。

なお、年金の未納者が増えているという報道から、日本年金機構の収入が不足して年金の支払いに支障が出る、と考える人もいるでしょうが、現役時代に年金を支払わなかった人には老後の年金が支給されませんから、未納者が増えると年金の支払原資《げんし》が不足するということはありません。

もっとも、年金受給額が目減りすることは当然あり得ます。現在の制度では、年金受給額は原則としてインフレ分だけ増額されていくのですが、完全なインフレ・スライドではなく、「マクロ経済スライド」と呼ばれるもので、出生率などの変化によって将来の年金支払いが困難になると思われた場合には、受給額が減額されることになります。

具体的な数値としては、当面は年金受給額の増え方が物価上昇率よりも0・9％程度低くなるようです。これは、年金が毎年0・9％ずつ目減りしていくことを意味しています。このままのペースで目減りしていくとすると、30年後には今よりも27％（実際にはもうすこし複雑な計算により、多少異なる値になる）目減りすることになります。少子化が現在の想定以上に進めば、目減りのペースが速まる可能性もあります。したがって、この分を補うような資産運用が必要となるわけです。

厚生労働省の年金予測

ちなみに厚生労働省は、5年ごとに平均的なサラリーマンの年金受給額の予測を発表しています。二〇一四年に発表された予測によると、さまざまなケース分けをしていて、もっとも楽観的なケースでは、現役世代の平均所得の54％程度が年金として支払われますが、もっとも悲観的なケースでは39％程度しか支払われない、とされています。楽観的なケースの仮定は、やや非現実的なので、ここでは保守的にもっとも悲観的なケースについて考えてみましょう。

二〇一四年度には、現役平均の63％程度が支払われているので、現役の生活水準が変化しないとすると、将来の年金受給額は現在の6割強となるイメージです。実額では、現在23万円が14・5万円に減額される、というイメージとなります。

実際には、金額が減るのではなく、インフレにより目減りした結果、生活実感としてそれくらい厳しくなる、というわけです。たとえば、物価が2倍になったとすると、支出は図表1の26万円が52万円に膨《ふく》らみますが、年金は23万円が29万円にしか増えないので、23万円の不足になる、というイメージです。

これだけ見ると、大変厳しいように思えますが、これは40年後の受給額ですので、過度な心配は無用です。20年後は、現役平均の50％が支給されますから、現在の貨幣価値で18万円強が支給されるというイメージです。

物価が2倍になるとすると、52万円の支出に対して年金が36万円というイメージです。年金受給開始を70歳に繰《く》り下げれば、年金額が42％増えますから、現在の貨幣価値で26万円程度は受け取れるイメージとなります。物価が2倍になるとすると、52万円の支出に対して年金収入もちょうど52万円になりますから、何とか年金だけで生活できるという計算になります。

つまり、厚生労働省の想定する最悪のケースでも、年金受給を70歳まで繰り下げれば、20年後までは年金だけで生活できることになります。その後は、年金では不足しかねませんから、すこしずつ蓄えを取り崩していく必要が出てくるかもしれません。

それに備えて、資産運用をどうするかが問題となるのです。

もしも読者が30代か40代であれば、40年後の年金についておおいに心配でしょう。

しかし、20年後には労働力不足が深刻化しているため、70歳あるいは75歳まで働くことが普通になっているかもしれません。悪いことばかりではありませんから、過度な懸念《けねん》は不要でしょう。

人口減少社会と不動産価格

人口が減少していくと、市や町や村が消えてしまう、というケースも増えていきます。高齢化が進んでいる地域では、高齢者が亡くなるにつれて人口が急激に減り、病院や食料品店などの経営が成り立たなくなります。

そうなると、町じたいが維持できなくなり、ゴーストタウンになってしまうかもしれません。そこまでいかなくても、高齢者ばかりになって新たに外から流入してくる人がいない町になれば、不動産を買う人がいないので、不動産の価値は非常に低くなるでしょう。

したがって、自宅の財産価値を考える際には、現在の自宅所在地が30年後にどうなっているか、を考える必要があります。日本創成会議・人口減少問題検討分科会が自治体ごとの将来人口を予測しているので、ホームページなどで一度チェックしてみるとよいでしょう。自分の住んでいる町の将来の姿に愕然《がくぜん》とする方も多いと思います。

たとえば、地方都市や大都市の郊外の一軒家に住んでいる方は、その地区の将来人口が激減すると予想されている場合には、都心の小さなマンションに買い替える、といった選択肢を検討してみる必要があるでしょう。あるいは、そうした場所の不動産を相続した場合には、親の思い出が詰まっていて売りたくない気持ちはわかりますが、早期に処分することも検討するべきでしょう。

ポイント

●65歳時点で1500〜2000万円あれば、老後の生活は何とかなる。
●自分のお金に興味を持つ。
●元気なうちはなるべく働く。

●日本政府は破産しないが、激しいインフレやドル高の可能性はある。
●年金制度は破綻しない。目減りはするかもしれないが、過度な心配は無用。
●地域によっては、不動産価値が大幅に下落する可能性がある。

第2章

退職金運用の前に

退職金という大金をはじめて手にして、資産運用の経験の乏しいサラリーマンが陥《おちい》りやすいのは、冷静さを失って、退職金を狙《ねら》う銀行や証券会社や不動産会社、場合によっては詐欺師《さぎし》の言いなりになってしまうことです。

それを避けるためには、「必ず最後は自分で決める」ことが重要です。また、「資産は現金・預金と株式と外貨に分けて持つべき」などの知識も、リスクを避けるために役立ちます。

実際に退職金の運用を始める前に、こうした「投資の心得《こころえ》」と「知識」を本章で学んでいきましょう。

持ち慣れない大金を前にして

退職金は、平均すると2000万円前後の大金です。普通の人は、こうした大金を手にしたことがないので、どうしてよいのかとまどってしまう場合も多いでしょう。

「老後の大切な資金だから大事にしたい」と考えるいっぽうで、「インフレの時代を迎えて、退職金をきちんと運用しないと目減りしてしまう」「アベノミクスで株価が上がっているのに、今までは手元資金がないから投資できなかった。ようやく投資できるようになったから、株を買おう」といった考えが浮かんでくるかもしれません。

また、誰がいつ退職したか、という情報は、比較的簡単に手に入りますから、銀行や証券会社などからの勧誘が頻繁に来るかもしれません。ワンルーム・マンションへの投資のお誘いも来るでしょう。これまで敷居《しきい》が高かった銀行や証券会社などが、頭を下げて預金や株式投資などのお願いに来ると、何だか自分が偉くなったような気がしたり、はじめてのことで冷静さを失って即断即決で取引をしてしまったり、さまざまなことが起こり得ます。

しかし、せっかく手にした退職金です。一生に一度のことだからこそ、失敗は許されません。慎重に貯蓄先や投資先などを考えるべきです。

まずは落ち着くことです。老後は長いのですから、すこしくらい時間をかけて資産構成を考えたとしても、あせって短期間で資産構成を整《ととの》えたとしても「誤差の範囲」でしょう。そんなことで「急《せ》いては事《こと》を仕損《しそん》じる」になっては、泣いても泣ききれません。

もしも、あなたが退職金を受け取る前に本書をお読みでしたら、いくら退職金が出るのか、勤務先の人事部に聞いてみましょう。そして、心の準備をしておきましょう。

その前に、まず考えてみましょう。退職金というのは、今まであなたが勤務先のために働いた報酬なのです。受け取るのは退職日ですが、それは「本来、毎月の給料として受け取るべき報酬の一部を、会社が預かっているものだ」と考えてみましょう。つまり、会社に預金していた定期預金が定年の日に満期を迎えて戻ってくるだけのことです。

そう考えると、退職日まで待たなくても、あなたはすでに退職金相当分の金融資産を持っているわけです。「自分は1000万円以上の定期預金を持っている。退職日にはそれが満期になる。満期になったら何をしようかな」と考えましょう。そうすることで、退職日に急に大金を手にしてとまどうことがなくなります。

必ず、自分で決める

退職金は、通常は銀行に振り込まれますから、銀行員は、あなたが退職金をいつ、いくら受け取ったか知っています。そうなると、投資信託や保険の勧誘に来るかもしれません。

少なくともあなたが銀行の窓口に出向いた際には、別室に通されて丁重な扱いを受ける可能性が高いでしょう。これには、他の銀行に預金を移さないで下さい、といった意味があるのですが、それだけではなく、あなたに投資信託や保険を買ってほしい、と思っているからです。

今は、ゼロ金利時代ですから、銀行は他の銀行からいくらでも低い金利で借りられます。つまり、顧客に預金してもらっても銀行は儲かりません。それならば、顧客に投資信託や保険を買ってもらって手数料をもらおう、というのが昨今の銀行の戦略なのです。

当然、支店長にも担当者にもノルマが課《か》せられているはずです。彼らはサラリーマンであり、会社の利益やノルマのために働いています。顧客の利益ももちろん考えますが、彼らも人の子です。自分や勤務先の利益より顧客の利益を優先するとは限らないのです。

俗に「タダほど高いものはない」と言います。これは、資産運用に関するアドバイスに関しても言えることです。保険について無料で相談に乗ってくれる店舗や、無料で参加できる株式投資セミナーなどを利用する際には「この人は、なぜ私にタダで情報をくれるのだろう」と考えてみましょう。

よほどの「お人好《ひとよ》し」でない限りは、自分が売りたい商品を買ってもらおうという意図があるに違いありません。保険や資産運用の相談に無料で応じてくれる銀行員も同様です。銀行は、保険が売れれば保険会社から手数料が入りますから。ちなみに、本書は無料ではありませんから、筆者が知識やノウハウを書き記すのは印税収入を得るためであり、特定の商品等の売上げを伸ばすためではありません。ご安心下さい。

このことを十分わかったうえで、銀行員などの話を聞きましょう。そして、あくまで自分で判断しましょう。「すすめられたから」という理由で、大切な老後の糧《かて》を危険に晒《さら》したりしたら、のちのち後悔することになりかねません。

「投資は自己責任」です。どんなにプロがアドバイスをしてくれたとしても、投資の結果として損が出れば、それは自分の損になります。そうであれば、自分で納得して自分で決めることが必要でしょう。

納得できないもの、理解できないものには、どんなにプロがすすめても投資してはいけません。金融商品のリスクについては、販売するプロが説明することになっていますが、渡された説明書などを読んで、十分に理解できた場合にのみ投資を検討しましょう。

本書の第４章は「投資や資産運用に不慣れな人でも、書いてある通りに投資をすれば、大きな失敗をせずに、適切な資産運用ができる」ものですから、まずはこれを参考にして下さい。知らない間に変なリスクを抱《かか》え込んだりするよりも、はるかに安心です。難しいことを考える必要はなく、それほど手間もかかりません。

すこし自信のある人は、その時々の株価などを見ながら投資のスピードを速めたり遅らせたり、といった工夫をしてもよいでしょう。その際には、第５章が参考になるはずです。

リスクとリターンの関係

「はじめに」で述べた通り、本書の目指す運用は、「長生きのリスクに備える」「インフレのリスクに備える」というものです。この点を今一度確認しておきましょう。「大きく増えるかもしれないが、大きく減るかもしれない」といったハイリスク・ハイリターンの投資は目指しません。かといって、全額を広義の現金（現金、預金、国債など）で持つことも、インフレへの備えという観点からは問題です。「インフレ時に値上がりしそうな資産を持つことで資産を守ろう」という姿勢が重要なのです。

現役時代、仕事とは労働力を提供して対価として給料を受け取るものでした。これには会社が倒産して給料や退職金が未払いになる可能性を別とすれば、リスクはありません。いっぽうで、退職金の運用は、お金を投入して投入した以上のお金を受け取ろうとするものです。これにはリスクがともないます。「虎穴《こけつ》に入らずんば虎子《こじ》を得ず」というわけです。

もしも、リスクがなくて必ず儲かる投資話があれば、知識も情報も資金力もあるプロたちがすでにそれを試《こころ》みているはずです。つまり、普通の人にはそうした投資話は回ってきません。そう考えると、資金を増やすためには、老後のための貴重な資金をリスクに晒す必要があるわけで、それは避けるべき選択でしょう。大切な老後の資金が減ってしまうと、老後の生活が立《た》ち行《ゆ》かなくなるからです。

多額の資産があって、すこしくらいなら資産が減っても老後の生活には困らない、という人は、「すこしくらい」の資金を使って〝バクチ（博打）〟をしてみてもよいでしょう。うまくいけばリッチな老後が送れますし、たとえ失敗しても人並みの老後は送れるからです。その場合でも、あくまでもバクチに使うのは余裕資金だけにするべきでしょう。

では、資産を全額現金（あるいは銀行預金）で持っていればよいのでしょうか？実は、そう簡単なものではありません。現金資産は、表面上の金額は減りませんが、インフレが来たら、その分だけ実質的な価値は目減りします。そうなれば、老後の生活に支障を来《きた》すことになりかねません。

日銀は、２％の消費者物価上昇率を目標としていますので、今後長期間にわたって毎年２％ずつ物価が上がっていくかもしれません。いっぽうで、銀行預金の金利はほとんどゼロで、今後もしばらくは超低金利時代が続きそうです。つまり、老後のための資産が毎年2%ずつ目減りしていく、という可能性がけっこうあるのです。

過度な懸念は不要ですが、激しいインフレが来る可能性もあります。日銀が大量の資金を世の中に提供することで、資金の価値が物の価値よりも低くなる可能性、大災害で日本中の工場が止まって物不足になる可能性、国債暴落にともなって円も暴落し（ドルが高くなり）、輸入品の価格が急騰する可能性、中東情勢の激変による第三次石油ショックの可能性、などが考えられます。その可能性にどう備えておくかも考える必要があるのです。

分散投資

株やドルは、値上がりのチャンスがあるいっぽうで、値下がりのリスクもあります。したがって、資産の全額を株やドルにすることは危険です。いっぽうで、資産全額を現金（本書では円の現金を指し、ドルなど外貨は含みません）で持っていると、インフレに対する備えができません。「株や外貨などを買うもリスク、買わざるもリスク」というわけです。では、どうすればよいのでしょうか。

投資の格言に「ひとつの籠《かご》にすべての卵を入れるな」があります。たとえば、ふたつの籠に卵を半分ずつ入れておけば、片方の籠を落としても、少なくとも半分の卵は残ります。このように、さまざまなものをすこしずつ持っておけば、ひとつのものに何かが起きても資産全体が消えてしまうことはないことから、「分散投資」が良いと言われています。

すこし理屈っぽくなりますが、その理由を考えてみましょう。A社の株とB社の株が相互にまったく関係なく動く場合、両方とも上がる確率と両方とも下がる確率は各4分の1で、片方が上がりもう片方が下がる確率が5割です。

これが3社（3銘柄《めいがら》）になれば、三つとも下がる確率は8分の1です。ふたつが下がってひとつが上がる可能性が8分の3ありますが、これは大きな打撃とは言えませんから、3銘柄に分散して投資すれば大損をする確率は8分の1に減ります。銘柄数が10に増えれば、大損する確率は相当小さくなるでしょう。これが分散投資の魅力です。

たとえば、各社の株式が高い配当金を支払っているとすれば、分散投資で大損の確率を下げることによって、高い確率で利益を得るような資産構成が可能となります。しかし実際には、景気が良い時は多くの株が上がり、景気が悪い時は多くの株が下がる傾向があります。そうなると、10社の株に分散投資をしていても、景気が悪くなった時に、全部の株が値下がりする確率は比較的高いものとなってしまいます。分散投資の意味があまりないわけです。

そういう時に、「日本の景気が悪い時ほど値段が上がる」という資産があったとします。この資産を買っておけば、株価が景気悪化で下がった時に儲かりますから、リスクヘッジ（リスクを回避すること）になります。もちろん、景気が良い時には、株で儲かった分が当該《とうがい》資産の値下がりで消えてしまいますが、それは気にしてもしかたないでしょう。つまり、株式と当該資産を同時に持つことのメリットは大きいのです。

この当該資産とは、実際には外貨が相当します。日本の景気が悪くなって株価が下がる時には、日銀が金融を緩和するので日本の金利が下がり、日本の投資家が円を外貨に替えて外国の国債を購入するようになり、ドル高円安になりやすくなります。つまり、日本の株と外貨を同時に持っていると、大損をする可能性が小さくなるのです。

もちろん、リスクを分散してもリスクがゼロになるわけではないので、常にうまくいくとは限りませんが、試みる価値は十二分にあると言えるでしょう。

こうした基本認識に立ち、本書は、資産を自宅、円（現金、預金、国債など）、株式、外貨に分散させる方針です。

自宅は、必要だから持つのです。売却して借家に住む選択肢などもありますが、長生きしている間にインフレになって、家賃が上がっていくというリスクを考えると、おすすめできません。

現金（定期預金等を含む）は、必要な分だけ持ちます。急な出費に備えて２００万円程度は持っていることが望ましいですが、株式や国債は売れば数日後には現金になりますから、これを割り込んでも特に問題はないでしょう。なお、株式などへの投資を時間分散することにより、退職金を受け取った直後などは、意図せず現金を多額に持つことになりますが、これもしかたないでしょう。

第3章で詳述しますが、「物価連動国債（消費者物価が上昇すると償還《しょうかん》額が増える国債）」は、インフレへの備えにもなるので、積極的に持つことにします。

株は、インフレに強い資産と言われます。仮にインフレですべての物価が2倍になれば、企業の売上げも仕入れも利益も2倍になり、株価も2倍になるはずだからです。もちろん、値下がりするリスクはありますが、だからこそ分散投資をするのです。

外貨は、円安ドル高による輸入インフレに対する備えとなります。大災害で日本中の工場が止まって物不足になった際、あるいは日本国債が暴落して同時に円安ドル高になった際、輸入物価が大幅に上昇しますが、持っている外貨が高く売れれば生活に支障はありません。加えて、今後30年以上生きるとすると、日本は少子高齢化で経常収支が赤字になり、ドル高円安になる可能性が大きいと思われますので、その際の輸入インフレに対する備えとしても外貨は持っておきたい資産です。

時間分散投資

株や外貨を買うとして、買った時が一番安い時であればよいのですが、一番高い時だったとしたら、あとは値下がりして大きな損が出てしまいます。したがって、買うタイミングについても分散投資が必要です。つまり、「すこしずつ買う」のです。

たとえば毎月5万円ずつドルを買えば、5年間で３００万円分の外貨を持つことができます。そのなかには、高い値段で買った外貨も安い値段で買った外貨も含まれており、コストとしては平均的なコストでドルを仕入れることができたことになります。つまり、当たりはずれがないのです。

これは、他の金融商品でも同様です。株は取引単位が大きいので、毎月5万円というわけにいきませんが、毎年60万円といった投資は可能ですし、投資信託であれば毎月5万円という投資でも可能です。また、株式についても、証券会社によっては「るいとう（株式累積投資）」といった少額取引が行なえる場合もあります。

時間分散投資は、一番高い時に買ってしまうというリスクを避ける意味が大きいですが、もうひとつ良いことがあり、毎月一定額を買っていると、高い時には少なく、安い時には多く買うことになるのです。つまり、結果的には、その期間の価格の平均よりもすこしだけ安く買うことができるのです。ちなみに、毎月一定額を購入することを「ドル・コスト平均法」と呼びます。

投資家の心理からしても、時間分散投資はおすすめです。不慣れな投資家ほど、価格が上がってくると「早く買わなくては」とあせるので、高値で買う可能性があるのです。毎月一定額買うという規則を自分で作っておけば、そうしたことにもならないでしょう。下がった時にも狼狽《ろうばい》売りをせず、淡々《たんたん》と決められたペースで買い続ければよいのです。

退職金を受け取った方は、数年かけて時間分散投資をすればよいと思いますが、5年後に退職するという方は、今から時間分散投資を始めましょう。

退職前の5年間は、退職後に備えて貯金をする方も多いでしょう。その時に、銀行預金をせずに株や外貨を買うのです。退職の前日には、「そこそこ株と外貨を持っているが、現金も預金も少ない」状態になっていてもかまいません。なぜならば、「会社に対する預金」があるからです。そうです。受け取っていない退職金は、会社に対する預金なので、それも考えれば、手元に現金がなくても、分散投資ができているのです。

筆者は、転職をしましたので、退職金を2回に分けて受け取ることになりました。そこで、最初の退職金は時間をかけて株と外貨にしました。現在は、現金も銀行預金もほとんどありませんが、二度目の退職金が入ればちょうどバランス良くなるはずです。

ポイント

●長生きリスク、インフレリスクに備えるための資産構成を整える。
●資産運用は、必ず自分で理解し、納得して決める。「プロにすすめられたから」は不可。
●資産運用は、分散投資、時間分散投資でリスクを避ける。

第3章

金融商品と年金の基礎知識

第4章では、モデルケースにおける望ましい資産運用の例を示します。その通り真似《まね》していただければ、投資や資産運用の知識や経験に乏しい方でも、いちおうのリスク（長生きとインフレ）の回避はできるようになっています。

しかし、本書がなぜそうした選択をするのかをご理解いただくためには、金融商品などへの最低限の知識をお持ちいただく必要があります。そこで本章では、基本的な金融商品と年金についてご紹介します。なお、本書の特徴のひとつが生命保険は不要だとしていることです。その理由が本章で詳しく記してありますので、ぜひとも真剣にご検討下さい。

1 銀行預金

銀行預金の注意点

銀行にはさまざまな預金がありますが、退職金を受け取るようなサラリーマンにとって関係が深いのは、普通預金と定期預金でしょう。普通預金は、言わずと知れた「出し入れ自由」の預金で、便利な存在です。定期預金よりも金利が低いことが難点ですが、今は定期預金も金利がほぼゼロなので、定期預金にせずに普通預金にしている人も多いでしょう。

しかし、比較的大きな金額を普通預金に置いている場合には、犯罪のリスクが心配です。ATMカードを盗まれたりパスワードを知られたりした時のために、ATMで引き出せる普通預金の額を少なめにして、残額は定期預金にしておきましょう。

インターネット・バンキングを使っている場合には、インターネット・バンキングを使わない口座も作って預金残高を分けておくと、万が一パスワードが悪者に知られた場合でも被害が限定できます。

定期預金は、簡単に言えば「満期までは引き出さないと約束するので、高い金利をつけてほしい」と預ける預金ですが、実際には途中で引き出しに行っても「ダメ」と言われることはほとんどないようですから、小口の定期預金を何本か作っておいて、資金が必要になるたびに解約する、という手法が使えます。口座をいくつも持つのは面倒かもしれませんが、虎《とら》の子《こ》の老後資金を失うリスクを考えれば、その程度の手間は惜《お》しむべきではないでしょう。

銀行預金は国債に比べて換金は容易ですが、利回りが低いため、本来はあまりおすすめできないのですが、現在のような低金利局面においては、国債の利回りも低いので、手間を考えて銀行預金にある程度の残高を置くことも、選択肢のひとつです。

余談ですが、預金の金利は原則として年率で表示されています。「金利4％」というのは1年間で100が104になるという意味ですので、金利4％の定期預金を3カ月間預けても、100は101にしかなりません。

また、預金のなかには、非常に金利の高いものがありますが、これには要注意です。「投資信託を買ってくれた方に、キャンペーンとして高い金利をプレゼントします」といったケースがありますが、金利4％の3カ月定期を100万円預けたら、100万円の4％である4万円の金利がもらえるのではありません。3カ月は1年の4分の1ですから、4万円の4分の1の1万円の金利がもらえるのです。ここから税金が約20％差し引かれるので、手取りは約8000円です。

キャンペーンにつられて投資信託を買ってしまったら、その結果受け取った定期預金の利息よりも投資信託の購入時手数料（90ページ参照）のほうがずっと高かった、といったことがないように、お気をつけ下さい。

銀行預金は本当に安全か？

読者にとって、銀行はなじみが深い金融機関でしょう。大手銀行、地方銀行、ゆうちょ銀行、インターネット専用銀行、外資系銀行、等々があり、営《いとな》んでいる業務はそれぞれ異なりますが、私たちから見た預金の預け先としては、大きな違いはありません。信用金庫、信用組合、農業協同組合（ＪＡ）は銀行ではありませんが、私たちから見た預金の預け先という面で言えば、大きな違いはありません。

銀行・信用金庫等の多くは、私たちからお金を預かり、企業の設備投資やサラリーマンの住宅ローンなどに対する貸付を行なって、利鞘《りざや》（貸出金利と預金金利の差）を稼ぐことが本業です。

余談ですが、最近は企業などの資金需要（借入申し込み）が少ないため、銀行等が競って貸出を増やそうとしている結果、貸出金利が低下しています。そこで、彼らは貸出をしても儲からないので、投資信託や保険などを販売して手数料を儲けよう、としているわけです。

さて、銀行等に預金した場合、仮に銀行が倒産したらどうなるのでしょうか。基本的には「元本《がんぽん》1000万円までの預金とその利息額までは保証されている＝ペイオフ（預金保護）」と考えて大丈夫です。政府や日銀が主導している預金保険機構が、代わりに預金の払い戻しをしてくれるからです。

もっとも、外貨預金などは保証の対象とはなっていませんので、注意が必要です。また、銀行で購入した投資信託などは、銀行が倒産しても大丈夫ですが、値下がりするリスクは常にありますので、ご注意下さい。本書の読者にはいないと思いますが、高齢者のなかには「『銀行で売っているものは安全だから、投資元本が必ず戻ってくる」と誤解している方も少なくないようですが、大きなまちがいです。

ちなみに、1000万円を超えて預金していたら保護されないのか、という疑問をお持ちの方に対しては、筆者は「複数の銀行に分けて預ければ大丈夫ですよ。でも、そんなに預金があるならば、国債などを購入したほうが得な場合が多いですよ」とアドバイスをしています。個人企業の経営者などは、決済用に多額の預金を持っている必要があるかもしれませんが、サラリーマンは資金の出入りがそれほど激しくありませんから、生活に必要な資金は銀行預金で持つが、それを超えた分（株式や外貨で運用しない部分）は国債などで持つべきです。

インターネット専用銀行は、他の銀行より金利が高い傾向にありますが、利用に際してはパスワードの管理などが必要です。いっぽうで、それほど多額を銀行預金にしておくことはないでしょうから、金利の差はそれほど気にならないかもしれません。インターネットが苦手な方は、無理をして口座を開設される必要はないと思います。

2　国債

普通の国債について

国債は、「個人向け」と「一般向け（法人でも購入できる新窓販《しんまどはん》国債）」に分けられますが、この区別よりも重要なのは、償還額と利払《りばらい》額が発行時に決まっているか否かという違いです。普通の国債は、発行時に償還額と利払額が決まっていますが、なかには変動金利型国債や物価連動国債のように、決まっていないものもあります。そこで、はじめに普通の国債について見てみましょう。

普通の国債は、発行される時に、たとえば10年物の国債の場合、「10年後に100円払う。途中でも、毎年1円ずつ利子を払う」といった条件が決まっています。これを「額面《がくめん》100円、クーポンレート1％である」と言います。クーポンレートとは、毎年の利払いを額面で割った値のことです。

この国債を100円で買った人は、利率1％で資金が運用できます。これを運用利回りと呼びます。この運用利回りは、国債の価格が変化すると同時に変化します。たとえば、この国債を90円で買ったとすると、10年後の満期に100円戻ってきますから、毎年1円ずつ「値上がりの利益」が期待できます。これに利払額1円を加えて、毎年2円の利益です。投資額は90円ですから、2を90で割って、毎年2・2％程度の運用利回りが得られることになるのです（実際の計算はもうすこし複雑ですが）。

国債の利回りは、銀行預金の金利よりも高い場合が多いですが、いずれにしても、物価上昇率よりも金利が低い時代には、定期預金や普通の国債は得ではありません。超低金利状態で、今後の金利は上昇するしかない、といった状況下では、なおさらです。すこし理屈っぽいですが、その理由を説明しましょう。

現在、短期金利（償還期間が1年未満の金利）は、日銀の金融緩和でほぼゼロになっています。つまり、日銀は景気を回復させるため、物価上昇率よりも短期金利を低くすることで、「借金して設備投資をしましょう」と呼びかけているのです。これは日本経済にとっては良いことですが、資産運用をする立場としては困ったことです。

この政策がしばらく続くと考えられているため、2年物・3年物・5年物の国債は、利回りが非常に低くなっています。それならば、国債を買う必要はないので、銀行に預金しておくほうが、換金が楽な分だけ良いでしょう。

10年物の国債も買うべきではありません。最近、10年物の国債の利回りは0・5％程度で安定しています。つまり、これを購入すると、今後10年間、0・5％の利回りで運用し続けることになるのです。この利回りは、経済の状況から考えた「あるべき金利水準」よりもはるかに低いものです。それには理由がふたつあります。

第一は、金融緩和がしばらく続くと考えられていることです。10年物の国債の利回りは金融政策のターゲットではありませんが、「今後10年間の予想平均短期金利」に近づく力が働きますので、短期金利がしばらくゼロで推移するという予想が広まると、10年物の国債の利回りがそれに影響されて下がるのです。

第二は、日銀が金融緩和の手段として大量の国債を市場から買っているため、長期資金の供給が需要より多くなり、10年物の国債の利回りが本来あるべき水準よりも低くなっているのです。言い換えれば、市場における10年物の国債の需給（需要と供給）が逼迫《ひっぱく》し、その価格が本来あるべき価格よりも高くなっているのです。

このように、あるべき水準よりも今の10年物の国債の利回りが大幅に低くなっているため、金融緩和が終わった段階で、その利回りは大幅に上昇すると思われます。その時まで、10年物の国債への投資は待つべきなのです。

いっぽうで、国債のなかにも、インフレに強いものがあります。それが、次にご紹介する「物価連動国債」と「変動金利型国債」です。これらは、今の状況での投資対象としては、おおいに注目されるべきでしょう。

物価連動国債について

「物価連動国債」とは、満期日の償還額が満期時の消費者物価指数に連動する国債です。たとえば、消費者物価指数が100の時に発行された、額面100円の物価連動国債を購入したとします。消費者物価指数が満期時に110であれば、金利はほとんどつきませんが、満期時には110円が戻ってきます。

この国債は、現在は個人には販売されていませんが、二〇一五年からは個人でも買えるようになる予定です。問題は、額面100円の物価連動国債が100円で買えるとは限らないことです。

国債の発行は、入札で行なわれます。つまり、「元本100円の物価連動国債（利払いはほとんどゼロ）の国債を、何円なら買うか」という募集をかけるわけです。これに対して、投資家は「10年物の普通の国債と物価連動国債のどちらに投資しても得られる利益が同じ」になるような価格を計算して、その価格で応募します。以下は、すこし難しいですが、物価連動国債の価格の決まり方などについて、数値例を挙げて説明しておきます。

たとえば、普通の国債の市場利回りが０・５％、物価連動国債の利払いはゼロ、投資家の予想する今後10年間のインフレ率（消費者物価上昇率）は年１％、とします。この場合、10年後には普通の国債を持っていると１０５円、物価連動国債を持っていると１１０円が戻ってきます。

それならば、物価連動国債を１０５円で買えば、儲けも損もありません。１０４円で買えれば儲かりますが、１０５円で応札《おうさつ》（競争入札に参加）する投資家も多いですから、１０４円で応札しても落札はできないでしょう。１０６円で応札するくらいなら普通の国債を買ったほうが得ですから、１０６円で応札する投資家はいないでしょう。その結果、入札結果は１０５円となるのです（厳密には、プロたちはもうすこし複雑な計算をしています）。

これは、世の中の投資家たちの予想インフレ率が１％の時の入札結果です。では、プロたちの予想がはずれて、10年後に実際のインフレ率が０％であった場合と２％であった場合について考えてみましょう。

インフレ率が０％の場合には、「１０５円が１００円になった」わけですから、「普通の国債を買っておけばよかった。１００円が１０５円になったのに」という結果に終わります。しかし、がっかりする必要はありません。インフレにならなかったのであれば、預金などがインフレで目減りすることはなく、生活は保たれるのです。

いっぽう、インフレ率が２％の時には、１０５円が１２０円になって戻りますから、普通の国債を買うよりも良かったという結果になります。インフレになって預金などが目減りしている時に、この利益はおおいに助かります。つまり、物価連動国債を買うことは、インフレで預金などが目減りするリスクに対する備えとなるのです。

変動金利型国債について

本書が注目するもうひとつは、「変動金利型国債」です。個人向け国債のうち、償還期間10年のもので、世の中の金利が変化するのに応じて、支払われる金利が途中で変動するものです。

その金利は半年ごとに変動します。発行日および利払日に、市場実勢に応じて「今後半年間の金利」が決まるのです。

具体的には、金利決定日の10年物の普通の国債の利回りの0・66倍が今後半年間の金利となります。現時点（二〇一四年十月）では、その利回りが0・5％台ですから、今後半年間の金利は0・3％台となります。これは、短期金利より高いですし、10年物の普通の国債と異なり、将来インフレになった場合には受取金利が増えるメリットもあります。

難点は発行から1年経過するまでは換金できないことです。その後は換金できますが、その際には、最後2回の利払額を返還する必要があります。インフレ・高金利時代が来れば、この2回分の金利は大きな金額となる可能性がありますから、中途換金しない覚悟で購入する必要があります。

とはいえ、急に資金が必要となった場合には、変動金利型国債を担保に借り入れが可能ですし、そもそも資産の大半をこの国債に投資するのでなければ、大丈夫でしょう。

インフレになると、日銀が金融引き締めを行なうために、金利が上昇するのが普通です。したがって、この国債を持っていると、「インフレになると利子がたくさん受け取れるので、資産が目減りしない」効果が、高い確率で期待できます。

物価連動国債に比べれば、「目減りしない」という保証は薄いですし、途中で解約すると直前2回分の利払額を返還する必要がある点も問題ですが、いっぽうで「物価上昇率がゼロでも損はせず、むしろある程度の金利は受け取れる」というメリットもあります。

したがって、リスク回避のためには、両方の国債を混ぜて保有（分散投資）するべきでしょう。

3　株式投資

三つの問題点

株式とは、法律的には「企業の所有権を大勢ですこしずつ持つ」というものですが、実際には、個人投資家が株式投資をする目的は、配当を受け取ったり、買った値段より高く売って利益を得ることです。

そこで、利益の大きな企業、利益が増えていきそうな企業の株は高くなる傾向があります。また、景気が回復して企業の利益が増えそうな時には、市場全体として株価が上がりやすくなります。

もっとも、実際の株価は「みんなが上がりそうだと思うと、みんなが買い注文を出すので実際に上がる」「みんなが下がりそうだと思うと、みんなが売り注文を出すので実際に下がる」という需給要因も大きくなっています。

そこで、短期的には「あるべき株価」よりも高くなったり安くなったりしますが、長期間の株価を均《なら》してみれば「あるべき株価」の近辺で推移する、と言えるでしょう。なお、「あるべき株価」を正確に求めることは困難ですが、企業の利益などからおおよその見当はつけられます。

株式は、インフレに強いと言われます。それは、インフレになると、企業の売上げも利益も所有している財産の市場価格もすべて膨らむため、株価も膨らむ（上昇する）からです。本書の目的のひとつが「インフレで目減りしない資産運用」ですから、株式は十分に候補となり得ます。

また、現在は低金利時代で、銀行預金も国債もほとんど利子が受け取れませんが、株式投資は、平均して投資額の2％程度を配当金などの形で受け取れるので、インフレが来なくても投資として十分に魅力があります。そこで、本書としても株式投資をすすめたいのですが、そこには問題が三つあります。

第一は、人々の予想や気分などによって割高《わりだか》になったり割安《わりやす》になったりすることです。これについては、時間分散投資を図《はか》ることで問題は解決します。

第二は、値上がりする銘柄と値下がりする銘柄があることです。超人的な能力を持つ人は、値上がりする銘柄を予想できるようですが、凡人《ぼんじん》にはとうてい無理ですので、分散投資が必要となります。

第三は、投資単位が比較的大きいことです。1銘柄の株式の購入最低単位が数十万円することも希《まれ》ではありません。こうした銘柄を複数購入してリスクを分散するには、かなりの資金が必要です。

そこで、第4章では、個人で株式を購入する代わりに、投資信託の購入をすすめています。もっとも、ある程度資金があり、自分で銘柄の選択を試みる人もいるでしょうから、そういう人のためには第5章で注意点などを記してあります。

4　投資信託

投資信託とは何か？

株式投資は、初心者が銘柄を選ぶことが難しいうえに、投資単位が大きいので分散投資も難しい、という難点があります。そうした難点を克服《こくふく》するものとしては、投資信託という金融商品があります。

これは、大勢の個人投資家から資金を集めてきて、多額の資金をプロの投資家（ファンドマネージャー）に運用してもらう、というものです。

運用の結果からファンドマネージャーに手数料を支払った残りは、投資家に分配されます。運用の結果として資産が減ってしまった場合でも、ファンドマネージャーへの手数料は差し引かれます。

便利な金融商品なのですが、難点は手数料が高いことです。ファンドマネージャーへの報酬の他に、投資信託を販売している銀行や証券会社などにも費用を支払わなくてはならず、これが無視できないコストなのです。この費用は、購入時に1回だけかかる「購入時手数料」と、保有している期間中にかかる「運用管理費用（信託報酬。

毎年徴収される年会費のようなもの）」などがあります。

ファンドマネージャーが投資対象を選ぶ際に、儲かりそうな銘柄を慎重に選ぶ場合となるべく日経平均株価などの株価指数と同じ値動きをするように投資対象を選ぶ場合があります。前者を「アクティブ運用」、後者を「パッシブ運用」と呼び、それぞれの投資信託を「アクティブ・ファンド」、「パッシブ・ファンド（＝インデックス・ファンド）」と呼びます。

前者は、ファンドマネージャーが慎重に運用するので、素人が自分で運用するより利益が出る確率は高いのですが、彼らに支払う手数料が高いので、結果として儲かるとは限りません。

いっぽう後者は、たとえば、日経平均株価の計算に使われている225銘柄すべてを1000株ずつ買うといった投資をしますので、ファンドマネージャーの手間があまりかからず、したがって、その分だけ手数料も安くなっています。

ＥＴＦについて

インデックス・ファンドとほぼ同じ商品でも、投資信託じたいが株式のように上場《じょう》され、株式のように売買される商品もあります。「ＥＴＦ（Exchange Traded Fund 上場《じょう》投資信託）」と呼ばれるものがそれです。

これは、インデックス・ファンドよりもさらに手数料が安いのが特徴です。特に、信託報酬などが安いです。信託報酬が年１％違うと、10年間では10％の違いになります。これは長期間運用する際には非常に重要な差になりますから、本書はインデックス・ファンドよりもＥＴＦをおすすめします。

もっとも、ＥＴＦはあまり少額の取引をすると、最低売買手数料を支払うだけで手数料率が非常に高くなってしまう場合があり、ある程度の金額をまとめて投資することが必要です。また、証券会社や銀行などで毎月一定額を積み立てることができないので、定期的に自分で購入することが必要となります。そこで本書では、毎月ではなく半年に一度、といった購入方法をすすめます。

なお、ＥＴＦは、銀行では購入できないため、購入するには証券会社に口座を開設する必要があります。

投資信託およびＥＴＦは、日経平均株価に連動するものだけではありません。米国やアジアの株価指数に連動する商品も売られていますから、「海外のほうが経済成長が見込めるから海外の株が買いたい」と考える人は、そうした商品を選ぶことができます。海外の株式は、銘柄を選ぶことも投資することも難しく、分散投資となるとさらに難しいので、こうした投資信託は便利です。

実際に投資信託やＥＴＦを選ぶ際には、諸手数料ももちろん大切ですが、それ以外にも気をつけるべきことがあります。

たとえば日本株であれば、日経平均株価（東京証券取引所〔以下、東証〕一部上場の銘柄から選んだ２２５銘柄の平均株価）、ＴＯＰＩＸ（東証一部上場の全銘柄の時価総額の合計を全銘柄の発行済《ずみ》株式総数で割ることで得られる株価指数）、ＪＰＸ日経４００（正式名称はＪＰＸ日経インデックス４００。東証一部・同二部・マザーズ・ジャスダック上場の銘柄から選んだ４００銘柄による株価指数）等に連動する投資信託やＥＴＦが多数販売されています。

似たようなもののなかからひとつを選ぶとすれば、残高が少なかったり大幅に減っている投資信託、残高や出来高が少ないETFは、避けておいたほうが無難です。残高が少ないと、分散投資が難しい場合も多いですし、さらに残高が減れば投資信託じたいが運用停止になって返金されてしまう（繰り上げ償還）可能性もあるからです。

証券会社の利用法

証券会社は、さまざまな仕事をしていますが、私たちと関係が深いのは、株式や債券の売買の仲介をしてくれることです。銀行への預金や借入は、銀行が直接の相手方となりますが、株式や債券の売買においては、証券会社は仲介して手数料を受け取るだけで、実際の取引は売り手と買い手が直接行なうことになります。

証券会社の商売は、フローが基本です。つまり、顧客が売り買いをすることで手数料収入が入るしくみです。銀行が、預金を預かり貸出をすれば、取引の行なわれない日にも利鞘《りざや》を稼いでいるのとは異なる収益構造です。

そこで、顧客に頻繁に取引をさせるインセンティブが強く、顧客に「情報提供」と称して頻繁に連絡し、取引を強く勧誘する場合が少なくないと言われてきました。そこで、証券会社との取引を躊躇《ちゅうちょ》する人が少なくないのが現実です。もちろん、銀行も、投資信託の販売などの業務はフローであり、同様の問題があり得ます。

しかし、銀行でも購入できる投資信託や国債などと異なり、株式やＥＴＦなどは証券会社でしか購入できませんから、証券会社に口座を開設すべきか否かを考える際には、自分が何をしたいのかを考えてみましょう。

筆者は、証券会社に口座を開設したうえで、「情報提供や勧誘は不要です。当方が質問したことに答え、依頼した手続きを行なっていただければ、それだけで十分です」と明確にお願いしており、特に困ったことはありません。

また、インターネットが苦にならないのであれば、通常の証券会社ではなく、インターネット専業の証券会社に口座を開くことも選択肢でしょう。勧誘の電話も来ませんし、手数料も通常の証券会社よりも安いようです。もっとも、投資に不慣れな方は、いろいろとアドバイスが必要なこともあるでしょうし、一度買ったものは持ちきるという本書のスタンスであれば、手数料もそれほど高くならないので、普通の証券会社でも問題ありません。

なお、取引に際しては「NISA《ニーサ》（少額投資非課税制度、174～178ページ参照）」口座を開設しましょう。NISAには長所も短所もありますが、本書のすすめる時間分散投資、長期保有であれば、NISAが有利です。

5 外貨投資

何を選ぶか？

分散投資の一部として、外貨を持つことは重要です。将来、日本が労働力不足から経常収支赤字となり、ドル高になる可能性は高いからです。

加えて、リスクとしては、大災害で経済活動が麻痺《まひ》してドル高になる可能性、日本国債が暴落して外資が逃げ帰る際にドル高になる可能性なども考えられます。こうした場合には、ドル以外の外貨も総じて高くなるでしょう。

具体的な商品としては、外貨預金、外貨建てMMF、米国債、外国株などがあります。外貨資産の半分は外国株式に投資します。株式投資は、海外の株式を幅広くカバーしたＥＴＦへの投資が合理的です。米国株のＥＴＦかＭＳＣＩコクサイのＥＴＦが普通でしょう。
「ＭＳＣＩコクサイ」とは、日本を除く先進22カ国の株式を対象とした平均株価のことです。外国株ＥＴＦを持つことは、円安外貨高への備えになると同時に、成長する世界経済の恩恵にも与《あずか》ろう、というわけです。長期的に見れば、日本経済は少子高齢化ですから発展の余地は限られているでしょうが、世界経済は今後も発展を続けていく可能性が高いと思われますので、その恩恵に与ろう、と考えることは合理的でしょう。

問題は、残りの半分です。外貨預金は、短期の運用には使えますが、長期の運用には向きません。
「外貨建てＭＭＦ（Money Market Fund）」とは、株式を組み込まずに、海外の公社債などの短期金融商品で運用するオープン型投資信託のことで、言わば、証券会社における普通預金のようなものですから、これも長期の運用には向きません。

したがって、通常であれば米国債を選ぶべき、と言えます。しかし、現在は米国債の金利が非常に低いですから、外貨建てMMFで運用しておきましょう。長期間にわたって現在の低金利での運用を固定してしまうのは得策ではありませんので。

米国以外の国債であれば、ユーロ建てのドイツ国債が候補となるでしょうが、それ以外の国の国債は避けましょう。イタリアやスペインの国債が一時期暴落したことなどを考えれば、先進国と言っても安心はできません。まして、ドル、ユーロ以外の通貨は持つべきではありません。たとえば、ブラジル国債などは金利は高いですが、通貨が大幅安となる可能性もその分だけ高いからです。

6 終身年金(個人年金保険)

長生きのリスクに備える数少ない商品

長生きのリスクに備えるという意味では、個人年金保険の終身年金に加入するという選択肢もあります。

終身年金とは、保険会社にあらかじめ払い込んだ金額に応じて、死ぬまで毎月、年金を受け取れる金融商品のことで、国民年金、厚生年金などの公的年金とは異なります。終身年金には、毎月の受取額が決まっている定額型と毎月の受取額が増えていく逓増型があります。

たとえば、全労済《ぜんろうさい》（全国労働者共済生活協同組合連合会、参考ホームページ❷）の終身年金（定額型）に60歳で加入し、430万円払うと、65歳から死ぬまで毎月2万円受け取れます。83歳まで生きれば、払い込んだ金額は戻ってくる計算です。それまでに死亡すれば損が出ますが、長生きのリスクに備えるという目的には合致しています。インフレにも備えるのであれば、受取額が毎年5％ずつ増えていく終身年金（逓増型）もありますが、その場合は払込額が656万円になります。

なお、妻のほうが長生きをする可能性が高いので、夫が亡くなったあとの妻の生活を考えると、妻が終身年金（逓増型）に加入するほうがいっそう安心です。もっとも、その場合は払込額が870万円に増えてしまいますので、あくまでも余裕があれば、ということになります。

毎月2万円では、当然生活はできませんが、公的年金を補うと考えれば、心強い存在です。特に、「100歳まで生きて蓄えを使い果たすいっぽうで、公的年金がインフレで目減りした場合」に備えた逓増型は心強いでしょう。

以前は、多くの保険会社で取り扱っていましたが、あまり儲からないようで、最近では取り扱う会社が減っているようですが、取引のある保険会社で聞いてみてはいかがでしょうか。

すこし専門的な話になりますが、「金利が低い時には終身年金は得ではない」と言う人がいます。現在の低い金利にもとづいて将来の支払額を計算してあるからです。

確かにその通りであり、金利が上昇してから終身年金に加入するほうが望ましいのですが、終身年金は60歳までに加入する必要がありますし（全労済の場合）、長生きのリスクに備える手段が他に乏しいことを考えると、やむを得ないと考えるべきでしょう。

なお、個人年金保険の有期年金（終身ではなく一定期間で終了する年金。これも金融商品です）には加入すべきではありません。有期年金は、定期預金や国債と同じことですから、長生きのリスクにもインフレのリスクにもまったく無防備です。有期年金に加入するくらいならば、国債を購入するほうが手数料や利率の面で有利です。

7 生命保険

生命保険を「期待値」で読み解く

本書は、生命保険は不要だ、という立場です。その理由のエッセンスは、以下の2ページに示しますが、このことは重要な問題であり、多くの読者が生命保険に加入していると思われますので、多くのページを割《さ》いて詳しく説明していきます。

保険の本質は「みんなから保険料を集めて、事故などに遭《あ》った人に保険金を支払う」ことです。当然ですが、加入者が払った保険料と事故などに遭った加入者が受け取った保険金では、後者のほうが少ないはずです。なぜなら、保険会社のコストや利益が差し引かれているからです。これを経済学的には「期待値がマイナス」と言います。

たとえば、1000人に1人が死亡するとして、死亡保険金が1000万円受け取れるとすれば、保険金の期待値は1万円です。この保険に1万円で加入できるとすれば、保険会社はコスト分だけ赤字になりますから、保険料は1万円より高いはずです。期待値の1万円と、保険会社のコストと利益の合計になっているはずなのです。

実際の数値例を挙げてみましょう。ライフネット生命は、定期保険（掛《か》け捨ての死亡保険）で、原価に当たる純保険料（顧客に保険金等として払い戻されるであろう金額の期待値）が、月額2669円（死亡保障。男性30歳、死亡保険金額3000万円、保険期間10年の場合）であることを公表しています。各社とも同じ条件の保険なら、ほぼ純保険料は同じであると推定できます。ライフネット生命の場合、月額保険料が3484円ですから、経費等に当たる部分は815円のようです。

これでも、保険料に占《し》める経費の割合は十分高いと思いますが、他社は同様の条件の保険でも保険料がこれより高いので、他社のほうが経費の割合はさらに高いと推測されます。

それでも保険に加入する人がいるのは、「期待値から見れば損なことはわかっているが、私が死んだあとの家族のことを考えると、そんなことは言っていられない」といった事情があるからです。退職金を受け取ったサラリーマンは、仮に専業主婦である妻を残して死んでも、残された家族が路頭《ろとう》に迷う心配がないなら、生命保険に加入する必要はないでしょう。

　ちなみに、期待値という言葉は、当たる確率と当たった場合の利益額を掛け合わせたものです。たとえば、コインを投げて表《おもて》が出たら100円もらえるが、裏《うら》が出たら何ももらえない、というゲームがあったとします。このゲームの期待値は50円です。

　このゲームに参加するための費用が50円だとすると、バクチの好きな人は参加するでしょうし、嫌いな人は参加しないでしょう。どちらでもない人は、参加してもしなくてもかまわないはずです。

　もちろん、損をする場合も計算します。たとえば、当たると100円儲かるが、はずれると100円損する、というゲームならば期待値はゼロです。当たった場合の期待値は100円の半分ですが、はずれた場合の期待値はマイナス100円の半分ですから、合計するとゼロになってしまうからです。

　こうして計算した期待値が、投資を考える際には基本となります。

　100円の株が確率9割で110円になり、確率1割で10円になる場合、儲けの期待値はゼロです。10円儲かる確率が9割、90円損する確率が1割だからです。したがって、バクチが好きでも嫌いでもない人は、この株を買っても買わなくてもよいことになります。10円儲かる確率が91%、90円損する確率が9%であれば、期待値はプラスになりますから、バクチが嫌いでない人は買うでしょう。

もっとも、本書の目的は老後を安心して過ごすことですから、「バクチは嫌いだ」という立場です。したがって、本書はこうした株式の購入はすすめません。

生命保険に入るべき人・不要な人

では、人々はなぜ、保険に加入するのでしょうか？　理由のひとつは、若いサラリーマンが「自分が死んだら家族が路頭に迷う」といった「とても困った事態に陥るリスク」を避けるためです。ですから、そういう事情がある場合には保険への加入を検討しましょう。

しかし、一般に定年退職直前のサラリーマンは、自分に万が一のことがあっても、子どもはある程度大きくなっているし、家族には死亡退職金や遺族年金などが支給されるので、家族が路頭に迷う可能性は大きくありません。したがって、本書は生命保険は不要だと考えます。

もっとも、すでに加入している保険を解約すべきか否かは、ケース・バイ・ケースです。たとえば「あと数年待てば保険金が満期になるが、今解約すると満期まで待つよりも受取額が大幅に減額される」といった場合には、すでに支払った分はそのままにして、新たな支払いを止める（「払済《はらいずみ》保険にする」と言う）方向で保険会社と相談してみましょう。その際、保険会社からは月々の支払いを続けるようにすすめられるでしょうが、契約の条件などをしっかり確認したうえで自分で納得できない限り、続けるべきではありません。

また、一九九四年頃までに加入した貯蓄型保険は、予定利率が高いものが多いので、予定利率が３％以上あるならば、解約せずにそのまま置いておきましょう。

なお、解約せずに契約を残す場合でも、医療保障などの「追加的な保障」ははずしましょう。こうした保険は基本的に不要ですし、仮に必要だとしても、セット商品として購入するよりも、自分に本当に必要な機能だけを別売りで購入するほうが割安だからです。契約内容の見直しがどこまで可能か、保険会社と相談してみましょう。

もうひとつ、相続税の節税対策として保険を活用する、という場合があります。おそらく保険会社の政治力が強いからなのでしょうが、保険は税法上の優遇措置がけっこうあります。相続税が安くなる（相続人1人あたり500万円まで非課税）のも、そのひとつでしょう。しかし、保険の契約書は細かい字で多くのことが書いてありますから、契約前に熟読しましょう。

私は、あるセレブから保険契約書を見せられて愕然《がくぜん》としたことがあります。契約書をよく読むと、小さな字で「日本の債券で運用します。元本は保証します。手数料は年間数%かかります」と書いてあります。これは、「現金を預かります。利子はつきません。あなたが死んだ時には預かった現金を相続人に渡します。その分は現金で相続するよりも相続税が安くなります」という内容をオブラートに包んだものです。

この低金利時代に、日本の債券で運用しても、年率数%の運用利回りが稼げる可能性は非常に低いので、手数料差し引き後に利益が残るはずがなく、結局、元本保証条項によって預けた資金が戻ってくるだけになるのです。今はゼロ金利時代ですから、それでもかまわないようにも思いますが、「あなたが生きている間にインフレと高金利時代が来ても、金利はゼロのままですよ」と申し上げたら、その方はガッカリしていました。

資産家は相続税率が高いので、それでも保険に加入するメリットがあるかもしれませんが、一般の方は相続税率がそれほど高くないので（216～219ページ参照）、非課税のメリットは大きくありません。小さな非課税メリットを受けるために、死ぬまでゼロ金利で運用するというのは、得なこととは思えません。

こうしたことを総合的に考えると、サラリーマンにとって、生命保険という商品は「退職金を受け取るはるか前の若年《じゃくねん》既婚者が、自分に万が一のことがあっても家族が路頭に迷わないように、保険によって家族の生活を保障する」ためのものであり、本書の読者には不要なものだと言えると思います。

なお、「住宅ローンの残高が残っている時に自分が死亡すると、ローンが返せなくなり、家族が家から追い出されるのではないか」という心配をしている方もいると思いますが、銀行が住宅ローンを貸す際には、借り手が死んでも融資が回収できるように、住宅ローン相当額の生命保険（団体信用生命保険）の契約を結ばせるのが普通ですから（フラット35等の場合、例外あり）、そうしたリスクを考えて生命保険に加入する必要はないでしょう。念のため、住宅ローンを借りた時の契約書一式を調べてみましょう。

掛け捨て型か、積立《つみたて》型か？

生命保険には、「掛け捨て型」と「積立型」があります。掛け捨て型は、「毎月の保険料は安いけれども、死ななかったら掛け金がいっさい戻ってこない」という契約で、積立型は「毎月の保険料は高いけれども、満期が来たら戻ってくる」というものです。

数字で例を挙げれば、毎月1万円の掛け捨て保険と毎月3万円の積立型保険があり、後者は差額の2万円を毎月積み立て、利子をつけて満期に返してもらう、というものです。つまり、後者は「保険契約と、毎月積立型貯金契約に同時に加入する」というセットメニューです。

日本人は「掛け捨て保険は損をしたような気になる」人が多いようで、積立型を選ぶパターンが多いのですが、私はおすすめしません。レストランのセットメニューは単品の組み合わせよりも割安な場合が多いですが、金融機関のセットメニューは割高な場合が多いからです。掛け捨て型の保険に加入して、同時に銀行預金や国債購入に資金を振り向けたほうが得になる場合が多いのです。

ここで問題なのは、「金利だけ考えても銀行預金より高いですよ。しかも死んだ時の保障もついているので、お得です」というセールス・トークがあり得ることです。おかしなことに、銀行員が顧客にそう言って保険をすすめることさえあるのです。

そういう時には、「相手の立場」でものを考えて下さい。「銀行よりも生保のほうが客に有利な商品を売っているとしたら、それはなぜだろう。銀行が暴利を貪《むさぼ》っているのか、生保が赤字を垂《た》れ流しているのか、あるいは生保の契約書に書いてある細かい字に秘密があるのか」

銀行業界も競争が激しいですから、暴利が貪れるとも思えませんし、生保も好き好《この》んで赤字を垂れ流すハズはありません。そう考えれば、細かい契約書を熟読する必要性は明らかです。たとえば、途中で解約すると莫大《ばくだい》な手数料がかかる、等々の条文が入っているかもしれません。

また、やや専門的になりますが、生命保険の予定利率と銀行の預金利率は異なるので、注意が必要です。預金利率は、払込額全体に対する利率ですが、予定利率は加入者が払い込んだ保険料から生命保険会社のコストや死亡者に支払う死亡保険金などを差し引いた残額に対する利率なので、予定利率が預金利率よりも高いからといって、払い込んだ金額の増え方が大きいということでは必ずしもないのです。

外貨建て保険をすすめられる場合もあるかもしれません。たとえば「10万ドル払って保険に加入すると、さまざまな保障が受けられて、しかも満期には10万ドルが戻ってくる」といった保険です。これは、一見すると保険料がかからないように見えますが、実際には増えるはずの元本が増えない分が保険料となっているにすぎません。さらに、これは二重の意味で慎重に検討する必要があります。

第一に、外貨建て一時払《いちじばらい》保険に加入するためには、多額の外貨を一回で購入する必要があり、時間分散投資という本書の考え方に反するものです。

第二に、「米国債を購入して、その利子を用いて米国の掛け捨て保険に加入する」という選択肢との比較が必要なことです。ドル建て保険はそれじたいがセットメニューなので、保険料が割高になっている場合も少なくないからです。

商品例①

それでは、一例を見てみましょう。三菱東京UFJ銀行のホームページ（参考ホームページ❸）を開きます。保険商品のラインアップには、万が一の時に備える「終身保険」「医療保険」、子どもの教育資金を準備する「学資保険」、資産を増やす「年金保険・養老保険」などがあります。ここでは、終身保険について具体例を見てみましょう。

同ホームページの終身保険には、一時払終身保険、平準払《へいじゅんばらい》終身保険がありますが、退職金の運用を考えるとすれば、前者でしょうから、具体例として明治安田生命の「かんたん持続成長プラス」（参考ホームページ❹）を見てみましょう。死亡時に支払われる金額が、最初10年間程度はすこしずつ増加していき、その後はその水準で推移する、というものです。

終身とありますが、これは「いつ死んでも、死んだ時に保険金が支払われる」という意味ですので、「死ぬまで毎月お金が支払われる」という個人年金保険の終身年金とはまったく異なるものです。つまり、「70歳まで生きていたら、その時点で保険金が支払われる」という保険と区別するために、終身という言葉が使われているわけです。

まず、これは「万が一の時に役に立つ」という「保険」の機能を果たしていません。人間は必ず死にますから、その時に預けてある資金が戻ってくるだけのことです。それならば、銀行預金や国債購入と変わりません。あとは金利面で有利か否か、という比較になります。

60歳で加入して70歳で死亡すると、払込額の1・167倍の保険金が受け取れますから、10年物の国債を購入して、それを10年後に相続する場合（資産額は購入額の1・05倍程度に増えている計算）と比べれば、メリットがあります。

しかし、その後は支払われる保険金はほとんど増えないと考えてよいでしょうから、長生きした場合には「資産を国債で運用して、それを相続すればよかった」という結果になるのです。これは、本書の主要関心事のひとつである「将来のインフレに備える」という観点からすると、大きな問題です。

死亡保険金が増えないと考える理由は、生命保険会社の費用などが差し引かれるからです。具体的な費用については開示されていませんが、生命保険会社の費用が一般的に高いことを考えると、比較的高い費用が差し引かれるはずです。また、開示しない理由を推測すれば、開示できないほど高い費用が差し引かれる可能性もあります。要注意です。

生命保険会社が払い込まれた資金を高い利回りで運用できた場合には、死亡保険金が増えていく可能性もありますが、それは相場環境が良好な場合でしょうから、それならば自分で国債や投資信託などを購入して自分で運用しても十分利益が出るはずで、やはり保険に加入する理由にはならないでしょう。

しかも、死亡する前に解約すると、死亡保険金を大幅に下回る金額しか受け取れなくなるのです。商品パンフレットにも、「ご契約後一定期間内に解約された場合の返《へん》戻金《れいきん》は一時払保険料を下回ります」「現在ご契約の保険契約を解約、減額するときは、（中略）多くの場合、返戻金は、お払込保険料の合計額より少ない金額となります」と明記されています。

それならば、「国債を購入して、資金が必要になったら国債を売却し、そうでない場合には国債を相続する」ほうが、この保険に加入するよりも圧倒的に有利です。

商品パンフレットには、万一《まんいち》のことがあった場合…として「あらかじめ受取人を指定することができます」「すみやかに現金を受け取ることができます」「さらに死亡保険金の非課税枠（500万円×法定相続人の数）をご活用いただけます」とあり、加えて、ご自身の将来のために…として「死亡保障にかえて、ご自身で受け取ることもできます」とあります。

しかし、一番目と四番目に関しては、国債を保有しておいて、遺言で国債の相続人を指定しておけばすむことですし、そのほうが保険会社の手数料相当額が不要な分だけ得です。

二番目に関しては、「遺族が葬式の費用を払えない時に、保険金が受け取れれば安心」という効果はありますが、それだけのために多額の手数料を支払う必要はありません。三番目に関しては、すでに記した通りです。

商品例②

次に、同じく明治安田生命の「収穫名人Ⅲ」標準型（参考ホームページ❺）を見てみましょう。

前項では予定利率が決まっている保険について見ましたが、これは、変額個人年金保険（保険会社が資産運用をして、それを年金支払いの原資にする金融商品）です。つまり、据置《すえおき》期間の運用成績が良ければ年金が多く受け取れますし、成績が悪くても、払い込んだ額は最低限年金として戻ってくる、という商品です。

もっとも、後述のように、運用成績にはあまり期待できませんから、「払った金額が年金として戻ってくるだけで、利子はつかない。しかも途中で解約すると払込額よりも少ない金額が戻ってくる」と考えておいたほうがよいでしょう。

運用成績に期待できない理由は、運用が保守的でローリスク・ローリターンであるいっぽう、年間2・7％もの費用（保険契約関係費、資産運用関係費すなわち信託報酬等）がかかるからです。

パンフレットには「市場環境の変動に応じて機動的に資産配分を見直す『リスクコ

ントロール手法』により、市場に対するリスクを調整し、安定的な投資成果の獲得を目指します」と明記してありますから、「大きな損が出ないように運用する」のでしょうが、虎穴に入らずんば虎子を得ずであることを考えれば、大きな利益も見込めないでしょう。

「投資信託の多くは購入時手数料と信託報酬が高い」と先に記しましたが、変額個人年金保険は、保険契約関係費や資産運用関係費などのトータル費用がそれ以上に高いので、資産運用として保険に加入するのは損です。

また、たとえば「収穫名人Ⅲ」の場合、加入して直《ただ》ちに解約すると、５・６％の解約控除率を差し引かれた金額が払い戻されることになり、加入者から見ると、この部分は事実上の販売手数料と考えることができます。

それならば、保険に加入しないで、国債や投資信託やＥＴＦを購入するべきです。

なお、類書には「遺産が家屋だけだと、それを相続した人としなかった人の間で争いが起きやすいので、家屋を相続しない相続人を生命保険の受取人に指名しておくと安心だ」といった記載が散見されますが、納得できません。

貯蓄型の生命保険に加入するためには多額の資金を保険会社に払い込む必要があるので、「遺産が家屋だけ」の人には、貯蓄型の生命保険の加入は無理でしょう。掛け捨て型の生命保険であれば、財産がなくても加入できますが、長生きした場合には掛け捨てられる保険料が累積していきますから、相続のために掛け捨て保険に加入するという選択肢はおすすめできません。

もしも、貯蓄型の生命保険に加入するだけの資金的な余裕があるならば、生命保険などに加入せずに国債を購入すればよいのです。そのうえで、「家屋は長男に、国債は次男に相続させる」といった遺言をすればよいのです。

8　損害保険

取捨選択《しゅしゃせんたく》する

損害保険等も期待値がマイナスですから、必要か不必要かを十分に検討したうえで、どうしても必要なものだけ加入します。

自動車を運転する時の自動車保険は必要です。火災保険はケース・バイ・ケースですが、不要な場合が多いと思います（38～42ページ参照）。

医療保険も不要だと思います（38～42ページ参照）。介護保険はどうでしょう？　年齢を重ねることで、合理的な判断ができなくなる場合に備えて、介護保険に加入しておくことをすすめる類書があります。

年齢を重ねると「貯金が減るのが怖い」といった感情が強く出るようになり、たとえば「介護施設への入所一時金の支払いを拒《こば》んで在宅介護を選び、家族に迷惑をかけ続ける」といった可能性があるようです。

確かに、自分がそうなると家族に迷惑がかかりますから、「介護が必要になったら保険金が支給されるので、それで施設に入所すればよい」という状態をあらかじめ作っておくことが「正しい」場合もあるでしょう。しかし、家族への迷惑を考えるのであれば、あらかじめ家族に「私の判断力が衰えてきたら施設に入れてほしい」と伝えておけばよいので、そのためにわざわざ介護保険に加入する必要はないと思います。

9　公的年金

年金のしくみ

サラリーマンの年金は、三階建てになっています。一階部分と二階部分は公的年金で、三階部分は私的年金です。公的年金とは、政府が法律で定めている年金のことです。

一階部分は、全国民が加入する「国民年金（基礎年金）」です。

二階部分は、サラリーマンが加入する厚生年金（公務員などは共済年金ですが、二〇一五年十月からは厚生年金に一本化される予定）です。

三階部分は、企業によっては企業独自の年金制度を持っている場合もありますし、公務員には職域加算がありますが、これについては企業ごと個人ごとに事情が大きく異なるので、本書では取り上げません。余談ですが、転職経験のある方は、昔の会社の企業年金についても、この機会に確認しておきましょう。

国民年金は、受取額が全国民に共通で、40年間加入し続けた人は、65歳になると「老齢基礎年金」を月額6・44万円（平成26年度価額《かがく》）受け取ることができます。加入期間が短ければ、それに応じて受け取れる額が減額されます。

サラリーマンは、厚生年金として納めた金額の一部が自動的に国民年金に回されますから、国民年金を個別に納める必要はありません。サラリーマンの専業主婦は、自分では年金を納めなくても、加入していることになりますから、65歳になれば、夫と同様に老齢基礎年金が月額6・44万円受け取れます。ちなみに、パートなどで働いていても年間所得が130万円以下であれば、ここでは専業主婦として扱われます。夫が税法上の配偶者控除を受けられるのは、妻の年間所得が103万円以下の場合ですので、混同しないように注意が必要です。

厚生年金は、収入に応じて年金保険料を納め、納めた金額に応じて年金（老齢厚生年金）が受け取れる、というものです。国民年金が、誰でも同じ金額なのと比較して、こちらは納めた金額に応じて受取額が決まります。納める額は所得によって異なりますが、平均的な所得のサラリーマンが40年間企業で働いた場合には、月額10万円程度が受け取れます。

老齢厚生年金も、受給開始は国民年金と同様65歳からです。なお、例外措置として、一九六一年四月一日以前に生まれた男性と一九六六年四月一日以前に生まれた女性は、もうすこし早く年金が受け取れます。

なお、これは例外措置ですので、「年金の受け取りを早めたり遅らせたりすると毎月の年金額が減ったり増えたりする」という制度の枠外《わくがい》です。したがって、この部分については受給時期を早めたり遅らせたりすることはできず、決められた通りに受け取ることになります。

年金の受取額

厚生労働省によれば、標準的なサラリーマンと専業主婦の場合、夫と妻の老齢基礎年金、夫の厚生年金を合わせると月額23万円弱の年金が受け取れるようです（同省ホームページ）。

ただし、働いていた期間や年収の推移などにより個人差がありますので、具体的な金額は「ねんきん定期便」で確認する必要があります。50歳以上の方に送られる「ねんきん定期便」には、「現在の所得が60歳まで変わらなければ、年金がいくら受け取れるのか」という目安の金額が書いてあります。

　この金額は、個々人により異なりますが、長年にわたりサラリーマンとして勤めてきたのに夫婦合計が23万円よりも極端に低い場合には、念のため勤務先に確認してみましょう。厚生年金基金という別の支払窓口があるかもしれません。

　そうでなければ、「ねんきん定期便」をていねいにチェックして、まちがいがあれば年金事務所に問い合わせる必要があります。共済年金の加入者は、二〇一五年九月までは共済年金にも問い合わせる必要がありますが、まずは勤務先の人事担当者に確認してみましょう。

　ちなみに、学校を出てからずっと同じ会社に勤めていたサラリーマン（公務員なども含む）は、企業が手続きをしてくれますから問題ないのですが、途中で転職や起業をした人や、そうした男性の専業主婦、結婚退職した専業主婦などは、自分で役所へ行って手続きをする必要があるかもしれません。

　どのような場合にどのような手続きが必要なのかは、複雑でわかりにくいのですが、そうした手続きが漏れていると、年金が受給できなくなってしまうかもしれません。「ねんきん定期便」を見て、国が把握しているあなたの過去の記録が事実と異なる、受け取れるはずの年金が受け取れない、といった不審な点があったら、年金事務所に相談するようにしましょう。

なお、「ねんきん定期便」に記載されている金額は、将来変化します。ひとつは、60歳までに年収が変化する場合です。もっとも、60歳時点の年収ではなく、勤務していた間の年収の合計が重要なので、最後数年間の年収が変化しても、将来受け取る年金額にはそれほど大きな影響はないと考えてよいでしょう。

もうひとつは、60歳以降も年金保険料を納め続ける場合などです。60歳時点で年金加入期間が40年に満たない人（20歳時点で年金を払っていなかった人など）は、60歳を過ぎても年金を払い続ける（任意加入）ことで、受け取れる年金が増えますから、ぜひこれを活用しましょう。任意加入とは、現役世代と同様に月額1万5250円の保険料を支払うことですが、併《あわ》せて「付加《ふか》年金」というものにも加入できますので、ぜひこちらにも加入しましょう。

また、過去の未納期間分を後納することによっても、実際の年金受給額が増額される場合がありますから、年金事務所に問い合わせてみましょう。このように、年金加入期間をすこしでも40年に近づけるための払い込みは「75歳よりも長生きすれば元がとれる」という賭《か》けですから、ぜひ参加しましょう。

もうひとつ、インフレになると、原則として年金受給額が増えていきます。もっとも、「マクロ経済スライド」と呼ばれる制度により、出生率などの変化によって将来の年金支払いが困難になると思われた場合には、増額ペースがインフレ率を下回ることになります（49〜50ページ参照）。

ポイント

●国債にも、インフレに強いものがある。
●株式投資は、分散投資を目指してETFで行なう。
●生命保険は不要。その他の保険も、絶対必要なものだけに加入する。
●公的年金は、「ねんきん定期便」などで受取予定額を確認する。

第4章

退職金運用のモデルケース

本章では、モデルケースを設定し、それに対して投資の初心者でも簡単に実行できる退職金運用法をご紹介します。

結論はすでに序で示した通りですが、ここでは具体的な数値とともに、なぜそうすべきなのか、を詳しく説明していきます。金融知識がほとんどない方でも、本章のマニュアル通りに資金を動かせば、適切な資産運用が可能になることを目指した運用例です。

また、リッチケースなど、モデルケースから派生《はせい》するバリエーションもご紹介しています。ご自分に近い例を選択してください。

失敗しないための運用術

主人公は東京のベッドタウンの一戸建てに住む55歳サラリーマン男性で、家族が専業主婦と社会人1年目の子ども1人と大学4年生の子ども1人という設定です。定年は60歳で、65歳まで定年後再雇用してもらえるとしましょう。

貯金と退職金と親からの遺産を合わせて、60歳時点の資産（住宅ローン差し引き後）

は、自宅と現金2400万円とします。これは、サラリーマンの平均よりすこし多い金額ですが、望ましい老後の資産運用のバランスを実現するために必要な金額ですので、これを目指して定年前の数年間でがんばって貯金する（実際には住宅ローンを期限前に一部返済する）という設定にしてあります。

ここから、モデルケースを策定します。序でも述べましたが、改めてその基本方針を提示します。この5項目で、重要なことはほぼカバーできていると思います。

①金融資産と負債の両建ては避け、住宅ローン等の負債残額は退職金で返済する。
②公的年金の受給開始をできる限り遅くする。
③今後10年間で、徐々に株式と外貨を購入する。
④生命保険は加入せず（現在の契約は見直し）、火災保険等は状況に応じて検討する。
⑤余裕があれば、長生きした時のための保険として、個人年金保険の終身年金（逓増型）に加入する。

年金受け取りが70歳だとすると、65歳から70歳までの5年間は無収入で食いつなぐことになりますから、この間の生活費が1800万円必要です。この分を退職日から使うまでどのように運用するか、というのが第一の問題点です。

第二の問題点は、70歳以降の資産構成をどうするか、です。退職時点の金融資産が2400万円で、60代後半の生活費が1800万円かかるので、70歳時点の資産は600万円になります。これをどのような資産で持つべきか、その資産をどのようなペースで購入していくか、が問題となります。まずはこちらから考えていきましょう。

70歳時点で目指す資産構成

はじめに、15年後・70歳時点で目指す資産構成は次の通りです。資産配分がこうなるように、時間をかけてすこしずつ投資を行なっていきます。

○金融資産の10％は変動金利型国債。
○金融資産の10％は物価連動国債。

○金融資産の10％は銀行預金。その過半は小口に分けた自動継続型定期預金で、普通預金は少額。
○金融資産の35％は日本株（JPX日経400連動型ETF）。
○金融資産の35％は外貨。そのうち、外貨建て（ドル建て）MMFまたは米国債が半分、外国株ETFが半分。

これは長生きしても大丈夫で、マイルドなインフレに強く、かつ極度のインフレにも耐えられるような資産構成となっています。

現金と預金の比率が低く、株式と外貨の比率が高いので、リスクが大きすぎるのではないかと考える方もおられると思いますが、インフレに備えるという観点からは、現金も「危険資産」なので、現金の比率が高すぎることも問題と考えて、このウエイトとしたものです。

株式投資などの知識や経験がなくても、決められた通りに投資を行なっていけば、自然と適切な資産構成が達成できるようになっています。もうひとつ考えたことは、

70歳を過ぎると、思考能力が低下する可能性がありますので、あまり複雑な取引をしなくても、資産構成が保たれるようにしました。あとは、原則として年金の範囲で暮らしつつ、インフレになったり大病をしたりした時に、資産を取り崩していくことになります。

第3章で詳述したように、生命保険には、加入しません。モデルケースの場合には、子どもたちは、いざとなれば自分で稼げる年齢ですし、配偶者も夫の退職金と遺族年金が受け取れるので、「生命保険金が受け取れなければ路頭に迷う」という状況ではないからです。

以上は、70歳時点の望ましい資産構成を考えたものですが、そこに至るまでの各段階に何をすべきか、次に考えてみましょう。

退職前、しておくこと

モデルケースでは、退職まで5年あります。子どもの教育費負担も軽くなり、いっぽうで50代後半のサラリーマンはけっこうな年収があり、家計には余裕があるので、

「老後のために貯金をする」時期です。

しかし、ここで銀行預金をするのは避けたいです。銀行預金をするくらいなら、突然の事故などに備えた資金は確保したうえで、残っている住宅ローンなどの借金を返します。

住宅ローンの金利は「銀行の資金調達コスト、つまり他の銀行から資金を借りた時に支払う市場金利」「人件費などの銀行のコスト」「融資が返済されないリスクに応じた上乗せ金利」「銀行の利益」の合計です。

いっぽうで、銀行預金の金利は「市場金利」から「銀行のコスト」と「銀行の利益」を差し引いたものです。したがって、借金と預金を両方持っているという状態は一刻も早く避けたいわけです。

ちなみに、住宅ローンの金利がたとえば3％だったとしましょう。これを返済することは、「銀行に貯金して3％の金利を受け取った」のと同じことです。ゼロ金利時代の最高の資産運用法は、借金を返すことなのです。もちろん、株式や外貨などを買うことも資産運用として重要ですが、リスクをともないます。これに比べて、借金の返済は何のリスクもなく3％で資産が運用できるのですから、すばらしいと言えるでしょう。

もっとも、余裕資金の一部は、借金の返済ではなく、株と外貨の投資に用います。理由の第一は、万が一の時に備えるためです。万が一の事故や事件で現金が必要になった時、住宅ローンは一度返済してしまうと「もう一度借りたい」とは言えませんが、株や外貨なら、売れば現金が手に入るからです。

もうひとつは、15年後の目標に向けて、すこしでも長い時間をかけて投資をすることで「時間分散投資」を広げることができるからです。10年間にわたって毎年目標額の1割を買い続ける、といった方針で臨《のぞ》みましょう。

円の現金および銀行預金は、それほど持ちません。サラリーマンはすでに「勤務先への退職金相当の貸出金」という円資産を持っているので、これ以上、資産に占める現金の比率を高める必要はないからです。ちなみに、勤務先が倒産したり自分が懲戒《ちょうかい》解雇されたりするリスクは、ここでは考えていません。念のため。

退職後、最初にすべきこと

退職金を受け取ったら、当然ですが借金はすべて繰り上げ返済します。

借りた時の契約で「40歳の時に35年契約で借りた」などの場合には、75歳まで返済し続ける計算になっているかもしれませんが、とにかく直《ただ》ちに返済します。住宅ローンのほうが預金より金利が高いのですから、住宅ローンを借りているいっぽうで預金もある、という状態は非常にもったいないと言えるでしょう。

類書には「老後の収入と支出と金融資産負債残高」といった表が載《の》っている場合も多いのですが、「40歳で35年間の住宅ローンを借りた場合、75歳になるまでは返済が続くので、金融資産残高は減少していきます」といった説明がなされる場合が少なくありません。

しかし、退職後も借金が残っていると銀行に金利を支払い続けることになるので、これは避けるべきです。退職金を受け取ったら、とにかく借金はすべて返済しましょう。

もし、住宅ローン以外の借金もあれば、すべてきれいに返済しましょう。何と言っても、今後はたいした収入が見込めないのですから、退職金を受け取った時以上に返済にふさわしいタイミングはないのです。

公的年金の受給年齢を変える

次に、年金の受給開始年齢を70歳に設定します。

年金は、原則として65歳から受け取れますが、これについて「70歳からの受け取りに変更して下さい」と申し出ると、年金の受給開始年齢が70歳になると同時に、申し出がなかった場合と比べて、毎月の受給額が42％増額されるのです。資金的に難しければ、69歳でも68歳でもかまいませんが、可能な限り我慢します。当然ですが、夫だけでなく、妻も70歳まで待ちます。

65歳から受け取り始める場合と70歳まで待つ場合を比べると、82歳くらいまで生きていると損得が同じになります。つまり、それより早く他界してしまうと、「繰り下げなければよかった」という結果になるわけです。しかし、5年間待つことにより、受け取れる年金額が42％も増えるのですから、長生きした場合のメリットは大きなものがあります。

老後の生活を考えるうえで、もっとも不安なのは「長生きしたら貯金が底をついてしまうのではないか」という可能性ですから、「いくら長生きしても、そこそこの年金はもらえるから、そこそこの暮らしはできるはず」という安心を得ることが何よりも大切なのです。「長生きに備えたリスク回避」を考えるうえで、年金の繰り下げ受給は欠かせません。

5年待つことを「賭け」と考えて期待値を計算してみても、待つほうが有利です。65歳時点の平均余命は男性で19年、女性で24年ですから、65歳まで生きていた人ならば平均すれば82歳よりも長く生きる、と言えます。つまり、賭けとしても5年待つことは有利な賭けなのです。そうなれば、待たない手はありません。

モデルケースでは、60歳で定年になり、65歳までは定年後再雇用（仕事は変わらずに、給料は大幅カット）、65歳から70歳までは退職金を取り崩しながら生活することになります。アルバイトをすればよいのでしょうが、なかなか65歳以上でアルバイトを探すのは大変かもしれませんから、資金計画としてはアルバイトをしないことにしておきましょう。

　年金については、もうひとつ、老齢基礎年金（国民年金）が満額（年間77万2800円、平成26年度価額）受け取れない人、すなわち納付期間が40年に満たない人は、これを満額に近づける手があります。

　まず、過去10年間に未納期間がある人は、未納分をあとから納めることができます（ただし、二〇一五年九月までに納付することが必要）。また、60歳以降も国民年金に加入して保険料を納め続けることもできます。こうして、国民年金の受取額を増やしておくことは、長生きのリスクに備えるという観点から重要なことです。

　モデルケースの主人公は年齢が50歳以上なので、「ねんきん定期便」には老齢年金の見込額が記載されているはずです。これが記載されていない場合や、記載されていても老齢基礎年金の予測受取額が満額を下回っている場合（国民年金保険料の支払実績が480カ月に満たない場合）には、年金事務所で手続きをします。ちなみに、記載されていない場合、このままだと受給資格がないので、年金がいっさい受け取れない可能性があります。要注意です。

また、大学卒のサラリーマンは、20歳の時に国民年金に加入していなかった可能性が高いので、手続きをします。

さらに、現在は専業主婦である妻も、かつて働いた経験があって結婚ののち専業主婦になったり、再度働いたりした際に、年金の手続きが正しく行なわれているか否か、「ねんきん定期便」で入念にチェックします。専業主婦も、老齢基礎年金の見込額が満額を下回っている場合には、年金事務所で手続きをすることで、老齢基礎年金の受取額を増やすことができます。

これら以外の場合でも、年金の制度は複雑ですので、とにかく老齢基礎年金の見込額が満額でない場合には、年金事務所あるいは勤務先の人事担当者に相談してみましょう。

株式・外貨・国債の購入

株式と外貨の投資は、長期計画で淡々と進めていくのが基本です。モデルケースでは、55歳の時から投資を続けているはずですから、退職後も同じペースで淡々と投資を続けます。

10年後（70歳時点）に予想される金融資産総額に所定の比率（株と外貨が各35％）を掛けて、10年後の株式残高と外貨残高を想定し、現在すでに持っている額を差し引いて、残りを数等分して毎年購入する、というのが基本的な考え方です。

55歳の時から買い続けているのであれば、あと5年程度で目標額に達するようにしましょう。退職時点で株式や外貨などを持っていなければ、10年程度の期間をかけて、すこしずつ購入していきましょう。

まちがってもしてはいけないのが、人々が「株価はこれから上昇するから急いで買おう」と言っている時に、急いで買うことです。結果として、長い目で見れば、高値づかみとなる可能性が高いからです。

いっぽうで、人々が「株価は下がるいっぽうだから急いで売ろう」とあせっている時も、淡々と買い続けましょう。結果として、長い目で見れば、安値を拾ったことになる可能性が高いからです。

外貨についても同様です。市場のムードは数年といったタイムスパンで大きく振れる場合がありますから、時間分散投資は重要なのです。

問題は、退職金を受け取ってから70歳で年金生活を始めるまでの間、資産構成を見ると、10年後に達成しようとしている比率に比べて、途中段階のほうが現金（銀行預金などを含む）の比率が高く、株式や外貨の比率が低いことです。65歳から70歳までは、給料も年金もなしで退職金を取り崩しながら生活していくので、その間の生活費を退職時からどういう形で運用していくか、が重要になるわけです。

この間にインフレが来たら、退職金が目減りしてしまいます。ひとつの対策としては、株や外貨や金《きん》などインフレに強い資産を急いで購入することですが、これは高値づかみをする可能性があるので、慎重に行なうべきでしょう。

そこで、10年後の金融資産の30％弱を変動金利型国債にします。これは途中で解約すると最後2回分の利払額を返還する必要があるので、10年後にも株や外貨になっていない金額（金融資産の30％）の範囲内にとどめておくのです。

日銀を信じるとすれば、年金受給までマイルドなインフレが続くはずですから、物価連動国債のほうが得になるかもしれませんが、リスク分散ですから、変動金利型国債も組み入れておこう、というわけです。

残額については、本来であれば、多くを物価連動国債の購入に用いるべきですが、実質的な売買手数料が必要ですので、2～3年後の売却が見込まれるような場合には、定期預金で運用しましょう。

モデルケースでは、退職金が出た時には、1130万円分の物価連動国債を購入することになりますが、いちおう時間分散投資を考えて、3年程度をかけてすこしずつ購入していくことにしましょう。

インフレへの対策

サラリーマン夫婦の標準的な年金は23万円弱ですが、受給開始を70歳に延ばせば、42%増の32万円になります。「家計調査」によれば、70歳以上の無職世帯の支出は月額26万円ですから、これだけあれば、平均的な高齢者よりすこし豊かな老後が送れるはずです。マイルドなインフレなどで年金が多少目減りすることがあっても、何とか暮らしていけるでしょう。

60歳で定年になり、65歳までは定年後再雇用で「収入と支出が同額」の生活をするとすれば、65歳から70歳までの5年間を退職金等の取り崩しで生活することになります。「家計調査」では、60代の無職世帯の生活費は月額平均30万円ですから（23ページ図表1参照）、5年間で１８００万円必要です。

つまり、60歳時点で、住宅ローン返済後に貯金や退職金や親からの遺産などが１８００万円以上ある場合には、資産運用が必要となるわけです。

もちろん、年金だけで暮らせるので、基本的には、長生きのリスクはカバーされています。もっとも、不慮の出来事が生じるかもしれませんし、インフレになって必要な生活費が増えていくかもしれません。年金額は、基本的にはインフレに連動して増加していきますが、マクロ経済スライドによって、フルには連動しないので、そうしたリスクへの備えが必要なのです。

マイルドなインフレに対しては、物価連動国債もドルも株も「資産を目減りさせない」という意味で役立ちますが、個人年金保険の終身年金（逓増型）は収入じたいを増やしていくという意味で、より心強い存在です。

少子化にともなうマクロ経済スライドで年金の目減りが続くと、年金収入だけでは生活できなくなり、資産の取り崩しが始まるのですが、取り崩し額が次第に大きくなるので、長生きをした場合のリスクは残ります。いっぽうで、終身年金（逓増型）がたとえば年率5％で増加していけば、公的年金が増えなくても合計額はマイルドなインフレに耐えられるくらいには増加していくでしょう。

激しいインフレに対しては、ドルや株や物価連動国債などにより資産の目減りを防ぎ、それで食いつなぐことを考えるしかありません。しかも、そうした可能性はけっして小さくありません。たとえば、大地震が30年以内に発生する可能性は小さくありませんが、その場合には物の需給が大きく崩れて激しいインフレになりかねません。

その場合には公的年金も増額されるでしょうが、それまでにはタイムラグがあります。その間を資産の売却で食いつなぐ必要があります。また、政府の財政も大幅に悪化しますから、インフレ率に比べて年金増加率が低めに抑えられるかもしれません。そうなれば、不足分は資産の売却で補《おぎな》っていく必要があるでしょう。

つまり、老後のための資金（この例では、60歳時点で金融資産が１８００万円を超える分）を預金、株式、外貨、物価連動国債等と終身年金（逓増型）にバランス良く振り分ける必要があるのです。

モデルケース

それでは、具体的な数値を入れた図表3を見てみましょう。55歳の時点で、銀行預金（日本国債などを含む）など、換金が容易な金融資産が３００万円を超えていれば、超えた分は住宅ローンの繰り上げ返済に使います。３００万円は、急に資金が必要になる可能性を考えて、返済に充《あ》てずに手元に残しておきます。

証券会社に口座を開き、ＮＩＳＡの口座も開設します。妻のＮＩＳＡ口座も開設します。そのうえで、残った３００万円については、妻に１１１万円の贈与を行なって１０００円の贈与税を支払い（215ページ参照）、妻のＮＩＳＡ口座と自分のＮＩＳＡ口座に必要額を移します。ちなみに、図表3では、夫と妻の合計が記載されています。

物価連動国債は70万円ほど購入しましょう。

55歳から60歳までは、毎月10万円ずつ貯蓄します。給料から生活費と住宅ローン

用例

62	63	64	65	66	67	68	69	70	71	72
20	20	20	20	20	20	20	20	20	20	20
694	652	610	250	90	30	70	10	40	40	40
150	150	150	150	150	150	150	150	60	60	60
1200	1200	1200	1200	1000	700	300	0	60	60	60
168	189	210	210	210	210	210	210	210	210	210
84	105	105	105	105	105	105	105	105	105	105
84	84	105	105	105	105	105	105	105	105	105
0	0	0	0	0	0	0	0	0	0	0
2400	2400	2400	2040	1680	1320	960	600	600	600	600
0	0	0	-360	-360	-360	-360	-360	0	0	0
後、再雇用時代			無収入・無年金時代					年金生活		

（約定弁済《やくじょうべんさい》。契約時に決められた毎月の返済額）を支払って、10万円残るように生活するのです。子どもたちが就職するいっぽう、年功序列賃金によって比較的高い所得を得ている50代後半のサラリーマンは、まさに貯蓄世代ですから、がんばりましょう。

貯蓄した分は、住宅ローンの繰り上げ返済に使いましょう。図表3では、住宅ローンの利息を支払ったうえで、約定弁済が毎年60万円、それに加えて毎年の繰り上げ弁済が120万円行なわれることになっています。

株式投資は、毎年夏の賞与時に21万円分

図表3 モデルケース（60歳時点の金融資産2400万円）の運

年齢	54	55	56	57	58	59	60	61
現金・普通預金	20	20	20	20	20	20	20	20
定期預金	480	168	126	84	42	0	1578	1136
変動金利型国債	0	0	0	0	0	0	150	150
物価連動国債	0	70	70	70	70	70	400	800
日本株ＥＴＦ	0	21	42	63	84	105	126	147
外国株ＥＴＦ	0	21	21	42	42	63	63	84
外貨建てＭＭＦ	0	0	21	21	42	42	63	63
住宅ローン（－）	-1500	-1120	-940	-760	-580	-400	0	0
非自宅資産総額（純）	-1000	-820	-640	-460	-280	-100	2400	2400
同前年差		180	180	180	180	180	2500	0
変動理由	貯蓄時代						退職金・遺産	定年

※金融資産残高の推移（単位：万円）

のＥＴＦ（ＪＰＸ日経４００連動。日経平均連動型も可）を購入します。外貨としては、冬の賞与時に、ＥＴＦ（ＭＳＣＩコクサイ連動。米国株価指数連動型も可）と外貨建て（ドル建て）ＭＭＦを21万円ずつ、毎年交互に購入します。そのための資金は、55歳までに蓄えてあった定期預金を取り崩して捻《ねん》出《しゅつ》します。

60歳には退職金を受け取ります。モデルケースでは、60歳の時に、それまでの蓄えと退職金と親からの遺産（60歳時点で５００万円相続という前提）を合計して、住宅ローン返済後に金融資産を２４００万円持っているという設定になっています。

そのうち、投資信託と外貨の合計は300万円前後ですこしずつ増えていきます。残りは2100万円程度なので、そのうち1130万円を用いて、3年ほどかけてすこしずつ物価連動国債を購入します。また、150万円で変動金利型国債を購入します。

結果として、70歳の時には、210万円の日本株（ETFとして保有）、210万円の外貨（半分は外国株ETFとして、半分はドル建てMMFとして保有）、180万円の現金（普通預金、定期預金を含む）を所有していることになります。そこで、現金を用いて60万円分の変動金利型国債と60万円分の物価連動国債を購入します。

さて、60代後半の生活資金は1800万円必要です。図表3では、このうち1200万円は物価連動国債で運用し、残額は定期預金で運用することになっています。定期預金での運用は、インフレのリスクを考えると望ましくはありませんが、株式や外貨を短期間で大量に購入したり売却したりすることは避けたいですし、資産が物価連動国債に偏《かたよ》りすぎることも避けたいですから、しかたありません。

70歳を過ぎたら、年金で生活し、金融資産には手をつけずに、万が一の場合の備えとして持っておきましょう。しかし、マクロ経済スライドなどによって年金では生活できなくなった場合には、すこしずつ金融資産を取り崩していくことになります。

取り崩せる金融資産は６００万円しかありませんから、これを20年かけて取り崩すとして年間30万円分です。これ以上の取り崩しは将来が不安ですから、できるだけこの範囲に収まるように、生活を切り詰める等の工夫をしましょう。最後は自宅を売却して借家住まいをする、といった手段が残っていますが、これはあくまで最後の手段です。

金融資産を取り崩す場合の順番としては、「買った値段より値上がったものを先に売る」ことにしましょう。たとえば２１０万円で買った日本株ＥＴＦが３００万円に値上がりしていたとすれば、90万円までは売却しても「国債と株と外貨の望ましい比率」が保てますから、そこまでは他の資産を売らずに日本株ＥＴＦを売る、というわけです。

バリエーション① 株式・外貨を購入しないケース

モデルケース以外にもさまざまな〝変化球〟があり得ますので、それに対するバリエーションを考えてみましょう。

まず、株式と外貨は怖くて嫌だという方は、55歳の時点で20万円を普通預金に、80万円を定期預金にして、200万円で物価連動国債を購入します。余った資金は住宅ローンの返済に用います。翌年以降も、貯蓄分は住宅ローンの返済に用います。

60歳になって退職金を受け取ったら、住宅ローンの残額をすべて返済します。2400万円ある金融資産のうち、1500万円を物価連動国債に、500万円を変動金利型国債にします。この際、後者は一気に購入してかまいませんが、前者は3年程度かけてすこしずつ購入していきます。

70歳になって金融資産が600万円になったら、20万円を普通預金に、80万円を定期預金にして、残りを物価連動国債と変動金利型国債に半分ずつ振り向けます。

バリエーション② 年金を60歳から受け取るケース

また、読者のなかには年金は将来破綻するだろう、と考える方もいるでしょう。筆者は、年金の将来について、多少の目減りはあるだろうが、それでも老後の生活の最高の保証だ、と考えているため、年金の受け取りを70歳まで待つことを推奨しています。

しかし、筆者と違う考え方も当然あるわけで、そうした方は、年金を60歳から受け取り始めましょう。受け取れる間にすこしでも受け取っておくべきです。

そして、資産は株式ではなくドルで持ちましょう。年金が破綻するような国の株式は紙屑《かみくず》になる可能性が高いですし、そうした国の通貨は猛烈に売られる（円安ドル高になる）はずだからです。

いずれにしても、退職金の第一の用途が借金の返済であることには違いありませんので、そこだけは必ず守っていただきたいと思います。

バリエーション③　金融資産が2400万円以下のケース

60歳時点の金融資産が2100万円と2400万円の間であれば、外貨と株を減らしましょう。金融資産が300万円あれば、多少のことがあっても大丈夫でしょう。

2100万円以下である場合には、69歳あるいは68歳から年金の受給を始めましょう。最低300万円の金融資産は、何かあった時のために手元に置いておくことを考えると、年金の受給をこれ以上待つわけにはいきません。

もっとも、この場合には、生活を見直して出費を抑え、何とか70歳まで年金の受給を待てるように、努力することが肝心《かんじん》でしょう。

バリエーション④　金融資産が3000万円以上のケース

60歳時点の金融資産が3000万円あった場合には、基本的に2400万円の場合と同じ投資を行ない、残った600万円で終身年金（逓増型）に加入しましょう。実際の払込額は600万円よりすこし多くなりますが、その分は65歳から支払われる毎月の2万円とその逓増分で埋めていけば、70歳時点の金融資産額は図表3のようになります。

60歳時点の金融資産が３２００万円あった場合には、夫ではなく妻が終身年金（逓増型）に加入します。ちなみに、女性のほうが平均余命は長いため、加入には８００万円強が必要です。

妻があとに残される可能性が高いこと、１人暮らしになっても生活費が半減するわけではないこと、などを考えると、このほうがはるかに安心です。もちろん、３００0万円しかなくても、逓増型ではない終身年金（定額型）に妻が加入するという選択肢もあります。どちらを選ぶかは、ご夫婦でよく相談して下さい。

なお、妻が加入する場合には、贈与税がかからないように注意すべきです。夫の預金から妻名義の終身年金の加入費用を支払うと、贈与税がかかりかねないので、あらかじめ夫が毎年１１１万円ずつ妻に贈与しておく、などの対策が必要でしょう。

すでに加入している養老保険などがある場合には、途中解約すると不利になる場合があるので、その場合には満期まで解約せずに待ちましょう。問題は、養老保険の満期が70歳の場合です。その場合、年金受給開始を70歳まで待とうとすると、保険の満期の前に資金が不足してしまいます。この時、保険を途中で解約すると、満額よりもかなり少ない金額しか戻ってこない場合が多いので、もったいないです。

しかし、年金の受け取りを70歳まで待つ選択肢は捨て難いメリットがあります。そんな時は、保険金を担保に保険会社から借金をすることを検討しましょう。多くの保険会社が貸出の制度を持っているので、相談してみましょう。

バリエーション⑤ 金融資産が8000万円のケース

60歳時点の金融資産が8000万円あった場合には、どうすればよいでしょうか。

これは、リッチケースとして図表4に示しました。

たとえば、55歳の時点で妻の親が亡くなり、相続が発生したとします。相続財産は5600万円で、そのうち2000万円が相続した田舎の不動産だったとしましょう。結果として60歳時点で、住宅ローン返済後に自宅以外の資産を8000万円持っていることになります。

まず、個別の事情や感情はあるでしょうが、資産運用のことだけを考えた場合には、相続した不動産は売却します。日本は長期的に人口が減少していきますし、そのペースは田舎のほうが都会よりも速いですから、田舎の不動産が値上がりしていく可能性はけっして大きくありません。

それならば、早期に売却して住宅ローンの返済に充《あ》てたり、資産運用を試みたりするほうがよいでしょう。もっとも、下手をすると夫婦間でも贈与税がかかりますので、慎重な対応が必要です。

まず、妻に住宅ローンの返済を頼んではいけません。そうではなく、しばらく、わが家の生活費は妻に負担してもらい、夫の給料は全額住宅ローンの返済に用いることにします。同じことのようですが、税法上の扱いはまったく異なるのです。ちなみに、図表4では55歳時に住宅ローンが１１００万円減っていますが、預貯金全額と1年分の給料の合計が１１００万円だという仮定で計算したものです。

そして、終身年金や金融資産は妻の名義にします。もちろん、夫の退職金などを運用する分は夫の名義にします。そうなると、妻と夫でそれぞれＮＩＳＡの口座は開設できるので、特に贈与の手続きをしなくても、合計１０００万円までＮＩＳＡでの運

用例

62	63	64	65	66	67	68	69	70	71	72
20	20	20	20	20	20	20	20	20	20	20
280	180	80	120	160	200	240	280	180	180	180
1500	1500	1500	1000	1000	1000	1000	1000	1000	1000	1000
3000	3000	3000	3000	2500	2000	1500	1000	1000	1000	1000
400	450	500	550	600	650	700	750	800	800	800
200	225	250	275	300	325	350	375	400	400	400
200	225	250	275	300	325	350	375	400	400	400
2400	2400	2400	2400	2400	2400	2400	2400	2400	2400	2400
0	0	0	0	0	0	0	0	0	0	0
8000	8000	8000	7640	7280	6920	6560	6200	6200	6200	6200
0	0	0	-360	-360	-360	-360	-360	0	0	0
後、再雇用時代			無収入・無年金時代					年金生活		

用ができることになります。

図表4は分散投資という発想から、金融資産を「終身年金（逓増型）」「物価連動国債など」「株・外貨」におおむね3等分したものです。終身年金は、妻が3口加入します。毎年すこしずつ給付額が増えていきますので、妻が長生きしても、マイルドなインフレが続いても、老後が安心です。

国債は、最終的には変動金利型国債と物価連動国債を約1000万円ずつ保有しますが、途中段階では、換金コストを考えて後者を多く持ちます。65歳から70歳までの「無収入期間」は、金融資産を

図表4 リッチケース（60歳時点の金融資産8000万円）の運

年齢	54	55	56	57	58	59	60	61
現金・普通預金	20	20	20	20	20	20	20	20
定期預金	480	2700	1600	820	400	480	480	380
変動金利型国債	0	1500	1500	1500	1500	1500	1500	1500
物価連動国債	0	860	1640	2500	3000	3000	3000	3000
日本株ＥＴＦ	0	50	100	150	200	250	300	350
外国株ＥＴＦ	0	25	50	75	100	125	150	175
外貨建てＭＭＦ	0	25	50	75	100	125	150	175
終身年金元本	0	0	0	0	0	0	2400	2400
住宅ローン（－）	-1500	-400	0	0	0	0	0	0
非自宅資産総額（純）	-1000	4780	4960	5140	5320	5500	8000	8000
同前年差		5780	180	180	180	180	2500	0
変動理由	貯蓄時代・遺産（妻）						退職金・遺産	定年

※金融資産残高の推移（単位：万円）

取り崩すことがあらかじめわかっているからです。

日本株には、毎年50万円投資します。夏と冬にＥＴＦを各19万円分購入するほか、毎月１万円ずつ独立系投資信託（銀行や証券会社などの親会社に属さない運用会社が運用し、運用会社から直接購入する投資信託）の積立コースを利用します。全額ＥＴＦでもかまいませんが、分散投資という観点から、独立系投資信託も組み込んでおきましょう。

外貨は、夏に25万円分の外国株ＥＴＦを、冬に25万円分の外貨建て（ドル建て）ＭＭＦを購入します。

このケースでは、比較的余裕のある老後が過ごせるでしょう。公的年金が70歳受け取り開始になったことで42％割増になっていることに加えて、終身年金（逓増型）が毎月10万円程度（当初は6万円だが、毎年5％ずつ増額）受け取れるからです。加えて、金融資産からの利子・配当収入も、無視できない金額になるでしょう。

したがって、よほどのインフレにならない限り、普通の生活はできるでしょう。あとは、「金融資産を取り崩しながら豊かな老後を過ごす」のか「将来のインフレに備える、子どもに資産を遺《のこ》すなどの目的で金融資産を守る」のか、という選択の問題です。

資産を取り崩す場合には、前述のように「買った値段より値上がったものを先に売る」ことにしましょう。たとえば、800万円で買った日本株（ETFおよび投資信託）が1200万円に値上がりしていたとすれば、400万円分までは売却しても「国債と株と外貨の望ましい比率」が保てますから、そこまでは他の資産を売らずに日本株ETFを売る、というわけです。

ポイント

- ●住宅ローン等の負債残額は、退職金で返済する。
- ●公的年金は、受給開始年齢をできる限り遅くする。
- ●55歳から10年間かけて、すこしずつ株式と外貨を購入する。
- ●生命保険は加入せず、その他の保険も見直す。
- ●余裕があれば、個人年金保険の終身年金（逓増型）に加入する。

第5章

はじめての投資と運用

第4章まで、投資や資産運用の初心者を対象として、誰でもこの通りに投資すればいちおうのリスクヘッジが図れる「守りのマニュアル」を示しました。本章では、自分なりに工夫してみたい、という方のために、基本的な知識や注意点などについて説明していきます。

前半では、株式投資の基礎知識として、株価が割高であるか否かの見分け方や分散投資の重要性などについて、後半ではそれ以外の注意点などについて記します。大事なことは、リターンには必ずリスクがともなう、ということです。リターンを狙いながら、リスクを抑えていくことの重要性を再認識して下さい。

投資の基本

株式に投資する方法としては、ETFを購入する、インデックス・ファンドを購入する、アクティブ・ファンドを購入する、個別株を購入する、という方法があります。いずれの方法であっても、重要なことは再三述べている通り、分散投資と時間分散投資です。

市場が上昇基調の時には、「急いで買わないとさらに値上がりしてしまう」とあせることがありますが、あとから考えれば「上がり過ぎ」だったという場合も少なくありません。特に、バブル期などには集団的熱狂に取り囲まれて、自分だけ冷静でいることは困難です。そこで、あせって大量に購入して「高値づかみ」に終わることが少なくないのです。

いっぽう、市場が売り一色のパニックになっている時には、「この世の終わりが来る」といった雰囲気が市場全体を包みますから、持ち株を底値《そこね》付近であせって売ってしまうことも少なくありません。

こうした可能性を減らすためには、時間分散投資を徹底することが重要です。けっして、過熱時にふだんより多く買ったり、パニック時に売ったりしてはいけません。加えて、「市場過熱時には買いを控《ひか》え、パニック時には買いを増やす」ことができれば理想的です。

PERについて

市場が過熱しているかパニックになっているか、あるいは買われ過ぎているか売られ過ぎているかを判断するための材料は多々《たた》ありますが、わかりやすいのは「日経平均株価のPERが14倍から20倍の間なら普通、20倍以上なら買われ過ぎ、14倍以下なら売られ過ぎ」といった基準でしょう。

日経平均株価のPERは簡単に知ることができますので、これが20倍以上なら時間分散投資の買いをしばらく止めてみる、14倍以下ならすこし多めに買ってみる、といった調整は試みる価値があります。

「PER（Price Earnings Ratio）」とは株価収益率のことで、具体的には株価を1株あたり利益で割った値のことです。

一般に、1株あたり利益が大きければ株価が高くなるのは自然なことです。利益が配当されないと株主のものにならないと考えている人もいるでしょうが、配当されずに設備投資に使われたとしても、それが株主のものであることには違いありません。

そこで、株価を利益で割った値を過去と比べることで、現在の株価が割高か割安かの見当をつけることができます。

　金利が高い時には株式投資より国債投資の人気があるため、株価が低くなりがちであること、景気回復初期には企業収益が回復する前に将来の企業利益の増加を予想して株価が上昇するのでＰＥＲが高くなりがちなこと、等々の変動要因はありますが、通常は「それなりの水準」で推移するものです。

　最近は、市場平均で見ると14倍から20倍の間で推移することが多くなっています。つまり、ＰＥＲが20倍を超えたら「買われ過ぎである可能性が高い」という目安ですし、14倍を下回ったら「売られ過ぎである可能性が高い」というひとつの目安になるのです。ただし、リーマンショックの直後のように、企業の利益が極端に落ち込んでいる時には、ＰＥＲは目安にならないので注意が必要です。

　短期的な売買益を狙う場合はともかく、本書は長期的な運用を目指すものであり、買われ過ぎの時に売る（少なくとも買わない）、売られ過ぎの時に多く買う、という投資方針はおすすめです。その判断材料にＰＥＲをご活用下さい。

　ちなみに、個別銘柄についてＰＥＲを計算すると、「成長企業のＰＥＲは高く、成熟企業のPERは低い」という傾向があります。成長企業は、現在の1株あたり利益が小さくても、将来の1株あたり利益が増えると考える投資家が先回りして高値で株を買う場合があるいっぽうで、成熟企業は、将来の利益の急拡大が望みにくいために、1株あたり利益に対して高い倍率の株価で投資を行なう人が少ないからです。

PBRについて

買われ過ぎか売られ過ぎかの見当をつける際の判断材料として、もうひとつ「PBR（Price Book-value Ratio）」も重要です。これは株価純資産倍率のことで、株価を1株あたり純資産額で割った値です。

この値は、日経平均株価で見ると1倍と2倍の間で推移することが多いので、2倍を超えたら買われ過ぎ、1倍を割り込んだら売られ過ぎの可能性が高いと考えてよいでしょう。特に、1倍を割り込んでいる場合は、企業を解散した場合に株主に戻る金額（1株あたり純資産）よりも株価が低いわけですから、売られ過ぎの可能性がかなり高いと言えるでしょう。

もちろん、短期的には買われ過ぎていてもさらに買われることがありますし、売られ過ぎていてもさらに売られることもありますが、買いを止めたあとに値上がりしても、買いを増やしたあとに値下がりしても、あせる必要はありません。

長い目で見れば、ＰＥＲは14倍と20倍の間に戻ってくる、ＰＢＲは1倍と2倍の間に戻ってくると信じて、黙々と今の投資スタンスを貫きましょう。

バブルを判断する4条件

買われ過ぎの極端な場合がバブルです。バブルと言うと、「欲に目が眩《くら》んだ愚《おろ》か者たちが踊っている」と思う方も多いでしょうが、それは昔の話です。現在は、「誰が見てもバブルだ」という場合には、政府がバブル潰《つぶ》しをしますので、最近のバブルは人々が気づかない間に拡大する型のバブルなのです。

したがって、バブルを避けることは容易ではありません。そこで時間分散投資やＰＥＲ、ＰＢＲといった客観的な指標を使うわけですが、筆者個人はもうすこし積極的にバブルの可能性を考えて、以下の4条件が揃《そろ》った時にはバブルだと考えて保有株式を売却することにしています。

①株価が高すぎると感じる人が増えるが、大丈夫だと説得する理屈が登場する。

たとえば、日本のバブル期（一九八七年頃〜一九九〇年頃）には、「日本経済は世界一で二十一世紀は日本の世紀だから株価が高いのは当然だ」と言われました。

②株価が高騰し、景気は絶好調だが金融が緩和されたままである。

たとえば、日本のバブル期には、景気は絶好調でもプラザ合意（一九八五年）後の円高により物価が安定していたため、金融は緩和されたままでした。

③今までまったく株式投資に興味がなかった人が知人の儲け話を聞いて、投資に興味を持つようになる。

たとえば、井戸端会議《いどばた》などで株で儲けた話が出て、それを聞いた人々が株式投資を検討し始めたら、要注意です。

④日本人は高い株価に納得しているが、外国人は不思議に思っている。

バブルは集団的熱狂なので、バブルの外にいる人（国外居住者あるいは外国人）のほうがバブルであることに気づきやすいのです。

バブルについて、さらに詳しくお知りになりたい方は、拙著『なぜ、バブルは繰《く》り返されるか?』(祥伝社新書)をご参照下さい。

投資信託は、何を選ぶか?

第4章の例では、手数料の安さと分散投資の幅広さ、シンプルであることを理由として、ETFを購入することにしました。

しかし、ETFは株式と同様に、少額取引の場合に最低売買手数料が課されますから、購入金額が小さい場合には、インデックス・ファンドのほうが得になります。証券会社では、通常の手数料は「取引金額の1%」といった決め方をしますが、「取引金額が小さくても1件あたりの手数料は2000円を下回らない」といった規定があるのが普通なのです。

この場合、たとえば毎月1万円ずつインデックス・ファンドを購入して、3年に一度これを解約して、同額のETFを購入するという手があります。手数料は2度支払うことになりますが、インデックス・ファンドを長期間持ち続けることによる信託報酬が節約できるメリットがあるのです。投資信託からETFへの乗り換えは、シンプルさに欠けますが、老後はそれほど忙しくないでしょうから、「多少、手間はかかるけれども手数料が安くなる手段」も選択肢でしょう。

インデックス・ファンドではなく銘柄を選んで投資したいが、自分では選べないし、投資金額が小さくて分散投資も難しい、という場合には、一般の投資信託を購入することになりますが、銀行や証券会社で販売している投資信託は購入時手数料が高いですから、筆者としては独立系投資信託をおすすめします。

銀行や証券会社で販売している投資信託のなかには、比較的短期間のうちに残高が減少して運用を続けることが難しくなるものも多いのですが、独立系投資信託は長期投資を目的としたものが多いので、その意味でも本書の目的に合致しています。

なお、投資信託を選ぶ場合には、人気があるとか売れているといった基準ではなく、儲かりそうか否か、という基準を用いるべきです。

まず、過去の運用成績を見ましょう。過去の運用実績の良い投資信託は、腕の良いファンドマネージャーが運用しているので、今後の運用成績も期待できるからです。

次に、モーニングスター社が過去の実績などをもとにして投資信託の格づけを行なっていますので（参考ホームページ❻）、これも参考にしましょう。星の数が多い投資信託のなかから選びます。

株式は、どの銘柄を選ぶか？

ここからは、投資信託ではなく、自分で投資する銘柄を選びたいという方のために、注意点などを記していきます。

ここでも当然ながら、分散投資と時間分散投資が最重要です。ひとつの銘柄を大量に購入すると、万が一その企業に大きな事故が起きた場合などに老後の資産が大きく損《そこ》なわれますから、多くの銘柄をすこしずつ購入しましょう。できれば、業種的にもさまざまな業種の株を購入しましょう。

たとえば、輸出型企業の株ばかり持っていると、円高になった場合に保有株がすべて値下がりする、といったリスクがあるからです。

時間分散投資も必要です。50万円の株式を10銘柄買うとすると、毎年1銘柄ずつ10年かけて買い揃えるべきであって、一度に10銘柄を購入するべきではありません。

具体的な銘柄選びについては、ＰＥＲやＰＢＲの低いものを選びます。ＰＥＲやＰＢＲの低い銘柄は、成熟企業が多いので、安定した株価と安定した収益・配当が見込まれますし、それでいてインフレになれば、株価もそれに応じて上昇することが期待されるからです。

いっぽうで、成長企業の株はＰＥＲやＰＢＲが高い場合が多いので、投資対象からはずしましょう。これらの株は、将来の成長への期待を織り込んで株価が形成されており、こうした株への投資はハイリスク・ハイリターンです。目論見《もくろみ》通りに企業が成長すれば株価はさらに上がるでしょうが、期待はずれに終わった時には株価が暴落するリスクがあります。「余裕資金でギャンブルを楽しみたい」場合にはかまいませんが、老後の大切な生活資金はギャンブルではなく堅実《けんじつ》な投資に用いるべきです。

個別株に投資する際には、株主優待についても調べてみましょう。個人株主に対して、自社製品を配る企業は多いので、配当金に加えて自分の好きなものが現物《げんぶつ》で支給されるとすれば、老後のささやかな楽しみになるからです。

たとえば、お気に入りのレストラン・チェーンの株を持っていると、年に何回か無料で食事が楽しめる場合もあります。こうした優待を金額に換算すると、実質的な配当利回りがかなり見込める場合が少なくありません。自分がおいしいと感じるレストランは他人もおいしいと感じる可能性が高く、したがってレストランが儲かって株価が上がる可能性もありますから、一石二鳥かもしれません。

価格ではなく価値に投資する

短期的な株価は、市場参加者の思惑《おもわく》などで大きく変動することがありますが、これは企業の価値の変化ではなく、単なる株式の価格の変化です。株価は時として、人々が上がると思うと買い注文が増えて実際に値上がりする、という値動きをします。ですから、こうした価格の変化は予想することが困難であり、価格の変化で利益を得ようとするべきではありません。

いっぽうで、長期的な株式投資は、企業の「価値」の増加分の〝分《わ》け前《まえ》〟に与《あずか》ろうというものです。企業とは、株主の資金と銀行の融資と社員の労働力によって価値を生み出す組織ですから、そのなかから賃金と金利を支払い、残りを株主に配当する、あるいは会社が成長して株式の価値が増えることにより価格が上がるものなのです。

一般に「投資＝堅実、投機＝バクチ」というイメージがあります。このふたつには明確な定義はありませんが、株式投資においては「価格の変化で儲けようとするのが投機で、価値の増加で儲けようとするのが投資」と筆者は考えています。

株式じたいには変化がないのに、「他の投資家が買いそうだから自分が先回りして買おう」と考えて買うのは投機でしょう。いっぽう、「株主と銀行から資金を調達して労働者を集めて物作りをし、生み出された価値を株主と銀行と労働者で分配する」配当や、「企業が成長することによる株式の価値の向上」を狙って株を買うのは投資でしょう。

したがって、長期投資をするのであれば、株価の動きを毎日チェックする必要はまったくありません。投資した企業が順調に収益を稼いでいることだけ確認すれば十分です。投資に際しても、株価を予想する必要はありません。「この企業は10年後も収益を上げ続けているだろうか」とだけ考えましょう。

そして、一度投資した株は、原則として長期間持ち続けましょう。頻繁に売り買いをするのが好きな人は、それも「老後の趣味のひとつ」としてはけっこうですが、あくまでも趣味の範囲にとどめましょう。

短期間で保有株式を売買することは、売買手数料が嵩《かさ》むだけでなく、「価値に無関係な価格の変化」により損益が左右されることになります。つまり、運不運の影響を大きく受けることになりかねないのです。本書は、幸運で儲けることではなく、着実に経済活動の恩恵に与ろうとするものですから、むやみに動かず落ち着きましょう。価格は追わずに、価値を生み出す会社に投資をしましょう。

証券会社は売買手数料を稼ぎたいので、「上がったから売って、別の銘柄を買いましょう」などと言うかもしれませんが、「上がったから売る」のでは意味がありません。上がる理由（価値の増加）があって上がったならば、さらに上がるかもしれないからです。

もっとも、個別株を持っていて、その会社の価値が下がりつつある時は、その限りではありません。たとえば、二〇一〇年以降に電機産業の株価が大幅に値下がりしました。これが「韓国や中国の企業に競争力で追いつかれつつあり、将来的にも衰退していくだろう」と考えれば、価値の減少ですから売るべきです。「一時的な赤字に株式市場が過剰反応しているだけ」と考えれば、価格の話ですから売る必要はありません。

とはいえ、その区別がつかない場合も多いでしょうから、たとえば「平均株価の動きと比べて3割下がったら、とにかく売る」といった「損切り」のルールを自分で決めておくとよいでしょう。

NISA《ニーサ》について

株式投資（投資信託を含む）などで配当を受け取ったり売却益が出たりすると、原則として税金がかかりますが、二〇一四年一月から、新しく「NISA（少額投資非課税制度）」が始まりましたから、すでに取引を始めた方も検討している方も多いでしょう。これは、一定の条件を満たす投資については配当や譲渡《じょうと》所得（売却益）などが非課税になる制度です。

まず、NISA口座を開設する金融機関をひとつだけ決めて、そこに住民票などの所定の書類を提出し、口座を開設します。条件は20歳以上であることです。

非課税枠は、1人あたり年間100万円です。つまり、年内に100万円まで株式や投資信託などを非課税枠で購入することができるわけです。なお、100万円は購入額であって残高ではないので、一度100万円分を購入すると、その後に一部を売却して残高が100万円を下回っても、年内は新たに非課税枠で購入することはできません。

期間は5年で、非課税枠は毎年ありますから、5年間で毎年100万円ずつ投資すれば、合計で残高500万円まで非課税で投資できることになります。

6年目以降も非課税枠はありますから、5年前に購入した株式などは、毎年100万円までの範囲内で新しい非課税枠に移管することができ、500万円の非課税枠は維持することが可能です。また、現在、政府内では非課税枠を拡大することが検討されているようなので、将来的には非課税枠が広がる可能性が高いと思われます。

なお、NISAを利用しない場合、あるいはNISAの枠を超えて運用する場合については、配当、売買益などに応じて税金を支払う必要が出てきます。

サラリーマンの多くは特定口座の「源泉徴収《げんせんちょうしゅう》あり」を利用していると思われますので、利益や配当の20%強が証券会社などによって自動的に税金として徴収されることになります。自分で税金を計算しないため、税金を意識することは少ないかもしれませんが、税金がかからない方法があるならば、それを利用することを検討すべきでしょう。

NISAの注意点

ここでひとつ注意が必要です。NISAを利用すれば必ず得になるとは限らないのです。

第一に、他の口座との損益通算ができません。たとえば、NISA口座でA株を、他の口座でB株を買ったとします。A株が値下がり、B株が値上がった場合、B株の譲渡益はそのまま課税されてしまいます。もし、両方をNISA以外の口座で買っていたら、損失と利益の差額分だけが課税されていたのですから、この場合はNISAで損をしたことになります。ただし、A株、B株とも同じNISA口座であれば、問題ありません。

第二に、最初の5年間で損をして、その後に儲かった時も同様です。たとえば、NISA口座で購入したA株が値下がりしたため、5年後にその株を一般口座に移したとします。その後A株が元の値段に戻った場合、6年目以降の値上がり益には課税されてしまうのです。はじめから一般口座で持っていれば、値下がり分が戻っただけの場合には課税されないのですから、NISA口座で損をしたことになります。ただし、5年後に、新しいNISA口座に移すのであれば、問題ありません。

また、金融機関によっては、NISAの口座では指値《さしね》（こちらが指定した金額）の注文ができない場合などもあるそうですので、契約前に確認しておくことが必要です。

さらに、これはNISAじたいの問題ではありませんが、専業主婦の妻の名義で株式等を購入する場合には、贈与税がかからないよう注意が必要です。

年間110万円までの贈与は非課税ですから、その範囲内で贈与をすれば問題はないのですが、安全策を採るとすれば、年間111万円贈与して、贈与税を1000円だけ納めておくという選択肢があります。そうすれば、税務署があとから「これはご主人の財産ですね」と言ってくることはなくなるので安心です（214～216ページ参照）。

このように、NISAがそれ以外の口座より必ず有利とは限りませんが、第4章のモデルケースのように、投資信託購入を含む株式投資残高が1人あたり500万円、夫婦で1000万円を超えない場合、かつ長期保有で時間分散投資も図る場合には、原則としてNISAのほうが有利です。

手を出してはいけない金融商品

株式投資の話は以上にして、ここからはその他の投資について説明していきましょう。まず、投資に際して、最初に確認しておくべきことは、リターンには必ずリスクがともなう、という現実です。

「絶対お得な商品」など、世の中にはあり得ません。もしもそんな商品があったら、プロたちが争って買うでしょうから、読者が購入することはできないでしょう。つまり、金利が高いなどの高いリターンが見込まれる商品には、必ず高いリスクがあり、それゆえにプロが手を出さないから高い金利がついているのです。

逆に言えば、どうして金利が高いのか、理由がよくわからないような商品は、自分が気づいていないリスクがあるに違いなく、避けるべきです。

複雑な契約で、自分がよく理解できていないようなものも避けましょう。プロがすすめてくれるからといって、どこにリスクが隠れているかわからないものには、手を出すべきではありません。たとえ、リスクについて理解しても、それがどれくらいの確率で起きるのかがわからなければ、やはり避けたほうが無難でしょう。

たとえば「金利は高いが、トヨタの株価が半値になったら満期時に現金ではなくトヨタの株を1000株渡す」といった債券（EB債＝他社株転換可能債券）などがありますが、商品のしくみは理解できても、トヨタの株価が半値になる可能性は初心者にはわからないでしょうから、やめておきましょう。筆者にもわかりません……。

プロが確率を計算して売っているのですから、そんなおいしい商品であるハズがない、と考えるべきでしょう。まして、虎の子の退職金を注《つ》ぎ込むべきではありません。

詐欺《さぎ》のパターン

投資に関する後悔と言えば、もっとも気をつけるべきは詐欺です。詐欺師という〝商売〟が成り立っているのは、引っかかる〝客〟が多いからです。

「詐欺の被害に遭《あ》うのは愚か者で、自分は賢《かしこ》いから大丈夫だ」と思っている人は、その慢心《まんしん》が詐欺師のつけいる隙《すき》になるかもしれません。「さすがはお目が高い」などとお世辞《せじ》を言われると、つい調子に乗りかねないからです。プライドが邪魔《じゃま》をして、理解していない点を質問することを憚《はばか》り、矛盾《むじゅん》点や不自然な箇所を指摘し損なうこともあるでしょう。こうしたことから、一流企業の役員や部長が引退後に詐欺に遭うことも少なくないようです。くれぐれも、気をつけたいものです。

詐欺師にはさまざまな手口があるようですが、最初は正直に取引して相手を安心させる、というのはよく使われる手口だそうです。「必ず儲かる」という金融商品を10万円で売りつけて、1年後に20万円で買い戻すと、〝客〟は詐欺師を信用するようになります。そのあとで「今度はもっと大きく儲けましょう。たとえば３００万円投資すれば６００万円になりますよ」と言って、３００万円を受け取り逃げてしまう、といった手口です。

このように、詐欺師は「必ず儲かる」などと言ってくる場合が多いのですが、よく考えてみましょう。「そんなおいしい話があるなら、なぜ見ず知らずの私に教えてくれるのだろう。自分で投資すればよいのに。この人はとても親切な人なのだろうか、詐欺師なのだろうか」と。

筆者は学生に、「相手の目線でものを考えなさい」と口を酸《す》っぱくして教えています。「私がそんな良い商品を知っていたら、はじめて会った人に教えてあげるだろうか」。そう考えてみるだけで、被害が防げる可能性は小さくないはずです。

最近では、「おめでとうございます。絶対儲かる株を買う権利が、抽選であなたに当たりました」という手口があるそうです。まず、株式を発行している会社の社員になりすまして、Aが客にそうした電話をかけます。次に、Bが客に「その株を高値で買いたいから、ぜひ権利を行使してAの会社から株券を入手してほしい」と電話するのです。もちろん、AとBはグルですから、客が購入代金を支払った瞬間に2人とも逃げてしまいます。

詐欺の被害に遭った人は、「悪い人だと思わなかった」と言うそうです。あたりまえです。悪人に見えるようならば、詐欺師という〝職業〟を続けられないからです。

悪人に見えない人が儲かりそうな話を持ってきたら、誰かに相談しましょう。身近に相談する相手がいない、あるいは資産に関する話は他人に相談しにくい場合には、近くの消費生活センターに相談するか、消費者ホットライン（☎0570-064-370）に電話してみましょう。被害に遭う確率が大きく低下することでしょう。

ただし、一番良いのは身近に気軽に話ができる人を持つことです。「資産運用の相談をする相手」ほど親しい必要はありません。雑談のなかで、「今日は、こんな電話がかかってきた。自分は抽選に当たったたらしい。ラッキーだ」などと話をしているうちに、誰かが「それは詐欺ではないか？」と気づいてくれる可能性があるからです。

欲に目が眩《くら》んでいる本人よりも、冷静な第三者のほうが詐欺に気がつく可能性が高い、ということもありそうです。

身近に親しい人がいないと、「さびしそうな老人にやさしく接することで老人の心をつかみ、信頼させ、それから財産に手を出す」詐欺師に引っかかる可能性もあります。気をつけたいものです。

投資の極意《ごくい》は「シンプルなものに投資せよ」

レストランでは、シェフが隠し味などを使い、複雑なレシピで作った料理をおいしくいただくのが楽しみのひとつですが、金融商品はできるだけシンプルな素材そのものに投資しましょう。

レストランでは「素材と調味料と隠し味を別々に食べても、胃のなかでは一緒」というわけではありません。口でおいしいと感じなければ意味がありません。

しかし、投資は結果で決まりますから、たとえば、「65歳満期の一括振込型年金保険に加入する」と「掛け捨て生命保険に加入すると同時に、国債を購入して金利を稼ぐ」のうち、得なほうを選べばよいのです。こうした比較では、一般的に素材そのもののの組み合わせのほうが、顧客にとって得になる場合が多いと言われています。

掛け捨て保険は、シンプルな商品なので、各社の商品を消費者が比較すれば、容易に優劣がわかります。したがって、売り手としては、がめついことを考えると売上げが激減しかねないので、薄利多売《はくりたばい》を目指さざるを得ません。

国債は、どこの証券会社で買っても同じ値段です。

個人年金保険は、各社ごとに商品設計が微妙に異なっており、顧客が各社の商品を比較しても、どれが得なのか、容易にはわからない場合が多いです。こうしたケースでは、売り手は多少がめつい価格づけをしても、売れ行きが激減することはありませんから、安心して高めの値段をつける場合が多いのです。

次に、セットメニューは避けましょう。「生命保険だけれども、病気や怪我《けが》の際も保障されるし、満期には元本が戻ってくるから貯金の役割もある」といった契約は避けて、掛け捨ての生命保険と掛け捨ての傷害保険と貯金をしましょう。

理由の第一は、セットメニューには自分には必要のない保障が含まれているかもしれないからです。たとえば、医療保険は必要でしょうか。健康保険の規定により、高額医療費には上限がありますから、万が一重病を患《わずら》っても、医療費の自己負担が年間100万円を超えることはめったにないので、「ある程度の蓄えのある人は医療保険は不要」と言うファイナンシャル・プランナーは多いです。

理由の第二は、セットメニューのほうが割高なことです。レストランでコース料理を注文する時は、不要な料理も混じっているが、食べたいものだけを単品で頼むより、コース料理を頼んだほうが安い、などと考えて注文するはずです。しかし、たとえば生命保険会社には、何となくセットメニューを注文してしまうほうが楽だ、と思う消費者が多いのです。

そうなると、売り手はセットメニューの値段を高めにつけることになりがちです。単純な商品（たとえば死亡保険のみ）であれば、ライバル企業も似たような商品を提供しているでしょうから、値段の比較が簡単で、したがって、値下げ競争が起きやすいのですが、セットメニューはライバルとの比較が難しく、値下げ競争が起きにくい傾向があるからです。

以上、生命保険を例に説明してきましたが、他の金融商品でもシンプルで素材が見えるものに投資する、セットメニューは避ける、という基本的な考え方は同じです。

毎月分配型の投資信託は避ける

投資信託のなかで、毎月分配型のものは人気があります。分配金を受け取ると儲かったような気がしたり、毎月のお小遣《こづか》いがもらえたような気がしたりするからでしょうか。しかし、これは「毎月儲かるから、利益を分配する」ものではなく、「顧客から預かっている資産のなかから、毎月一定額を顧客に返還する」ものなのです。

配当とは「儲けを分配するもの」と誤解してしまうと、すばらしい投資信託と思ってしまいますが、解約してみると、投資額よりはるかに少ない金額しか戻ってこないため、はじめて「タコ足配当」であったことに気づく、といったケースが少なくありません。

「毎月分配型の投資信託をいかがですか?」とすすめられたら、購入する前に、「元本は増えますか?」と確認することが重要です。さらに言えば、たとえ利益を分配しているだけだとしても、せっかく手数料を支払って購入した投資信託ですから、配当などせずに、預けた資金全額をプロに全力で運用してほしいものです。

毎月分配コースに人気があるのは、心理学から見ると錯覚にもとづくものだ、と言う人もいます。自分で資産を取り崩すことには心理的な抵抗があるが、毎月分配されるものを受け取るだけならば、それほど抵抗がない、というわけです。そうした心理的な錯覚に陥らないよう、気をつけましょう。なお、隔月分配型にも同じことが言えます。

高金利外貨への投資は避ける

ブラジル、南アフリカなどの通貨は、日米欧の通貨とは比べものにならないほど金利が高くなっています。そこで、ブラジル国債などへの投資をする人も多いのですが、老後資金の運用としてはおすすめできません。高金利通貨に投資する投資信託についても同様です。

金利が高いのは、何か理由があるはずです。そうでなければ、プロの投資家たちがその国の国債を大量に購入し、金利は下がるはずだからです。「虎穴に入らずんば虎子を得ず」とすれば、虎子が得られそうな投資対象は、「素人には気づきにくいがプロは知っているリスク」があると考えるべきなのです。

たとえば、インフレに悩んでいる国は金利が高くなりがちですが、インフレに悩んでいるのであれば、その通貨の価値は目減りしているのですから、為替レートも遠からず下落する可能性が高いと考えるべきです。

また、経常収支が赤字の国は、海外から借金をする必要がありますが、経常収支が赤字の国に資金を喜んで貸す投資家は少ないので、高い金利を払って世界中から資金を借りてくる必要に迫られる場合も多いのです。

さらに、政情不安などを抱えていて、将来借金が返せなくなるとの懸念を抱かせる国についても、高い金利を払って世界中から資金を借りてくる必要に迫られているはずです。

こうした国々の金利が高いのは、「金利を高くしてもプロの投資家の資金を引っ張ってこれないので、素人の資金に頼っている」可能性が高いのです。そうした通貨に老後の大切な資金を振り向けるべきではありません。

どうしても投資したいという場合でも、分散投資の一部として高金利通貨を組み込んだ債券の投資信託を購入する、といった程度にとどめておくことをおすすめします。

投資信託の選び方

世の中には数多くの投資信託（ファンド）があり、どれを選ぶか迷ってしまう場合もあるでしょう。筆者としては、１回の取引金額が15万円以上ならＥＴＦ、それ以下ならインデックス・ファンドをおすすめしますが、プロに銘柄選択を頼みたい場合には、独立系投資信託をおすすめします。

どうしても大手のアクティブ・ファンドを選びたい場合には、取引のある銀行や証券会社などに「おすすめはどれですか？」などと聞かずに、自分で選ぶようにしましょう。銀行員も証券会社社員もノルマを課せられていますから、手数料率の高い投資信託をすすめたい気持ちがあるはずです。もちろん、お客のためになるものをすすめる場合が多いでしょうが、例外もあることはしっかり認識しておきましょう。

「この投資信託が売れています」と言われても、それを購入する必要はありません。それが毎月分配型だから売れているのであれば、ニーズに合わないので、避けるべきです。また、手数料率が高いから営業マンが熱心にすすめ、その結果として売れているのであれば、やはり避けるべきです。日本人は、「みんなが買っている」と言われると自分も買いたくなるという人が多いのですが、ここは冷静な判断が大切です。

銀行や証券会社の担当者がすすめる投資信託があったら、まずすすめる理由を聞いてみましょう。それから過去の運用実績やモーニングスター社の星の数などを聞いてみましょう。そのうえで、自分で判断しましょう。

もうひとつ、これは日本の投資信託業界が未成熟だから生じる問題なのでしょうが、株価が上昇して投資信託の基準価格（投資や解約した時に受け渡される金額の基準となる値）が上昇してくると、銀行や証券会社から「儲かっているから解約して利益を確定させて、別の投資信託を買いませんか？」という勧誘が来ます。

銀行や証券会社としては、購入時手数料が欲しいので、「買ってそのまま持っている客」よりも「儲かったら解約して別の投資信託を買う客」のほうがありがたいからです。彼らがそうした勧誘をするため、次々と客が解約して、残高が減り、分散投資が難しくなる投資信託も少なくありません。

独立系投資信託ならば、そうした問題もありません。その点でも、独立系投資信託を選ぶべきです。

もっとも、あまりにパフォーマンスが良かったり高配当だったりするものは、詐欺である可能性もあるので、気をつけましょう。独立系投資信託を購入する場合には、最低2年程度は運用実績のあるものを選ぶこと、ひとつの投資信託をあまり多額に購入しないこと、欲張りすぎないことが大切です。

もちろん、この点でも時間分散投資をしておけば、万が一詐欺に遭っても被害が少なくてすむでしょう。詐欺師は、最初は実際に高い配当を払って客を安心させ、より多くの客と金が集まったタイミングで姿を消すのが通例ですから、時間分散投資をしておけば、損になるのは最初の数回分の振込だけですむのです。

賃貸《ちんたい》用不動産への投資は避ける

退職金でワンルーム・マンションなどを購入して賃貸すれば、家賃収入が得られると考える人は多いと思います。マンションの広告には、よく「年間家賃収入は購入価格の8%」などと記載してありますが、これはおすすめできません。

まず、修繕《しゅうぜん》費用、管理費、固定資産税、保険料等々の諸経費がかかります。また、賃借人が退出すると、次の募集のためにリフォームが必要になります。修繕の手配等々の手間もけっこう大変です。

ちなみに、建物の価値は時間とともに低下していきますから、その分も差し引く必要があります。不動産賃貸の企業であれば、減価償却《げんかしょうきゃく》を費用として計上しますが、同様の考え方が個人の場合にも必要です。

さらに、借り手が退出したあと、新しい借り手が見つからずに、空き家になってしまうリスクもあります。これから日本の人口が減少していくことを考えると、不動産の需給が緩《ゆる》んで不動産価格が下落していくリスクもあります。地震などのリスクもあります。

また、自宅と投資用不動産を両方持つことは、自宅と賃貸用不動産を合わせた不動産資産が全体の資産に占める割合が大きくなりすぎるという問題点もあり、リスク分散の観点からも望ましくありません。自宅をリスク分散の対象と考えるか否かは難しいところですが、「万が一の場合には売って施設に入る」といった可能性も考えれば、やはりリスク分散の対象と考えておいたほうがよいでしょう。

投資用不動産を購入するくらいなら、「ＲＥＩＴ《リート》」を購入するほうが、まだ合理的です。ＲＥＩＴとは、投資家から集めた資金で株を買うのではなく、オフィスビルや賃貸マンションなどの賃貸用不動産を購入する投資信託のことです。株式と同様に売買できるので、投資家から見れば、賃貸用不動産を所有している会社の株式と考えてもよいでしょう。

個人による賃貸不動産取得とＲＥＩＴの購入を比較すると、前者のほうが投資信託を運用するプロに払わずにすむ手数料分だけ得なようにも思えますが、後者のメリットも大きいものがあります。

まず、不動産を大量に購入するので割安に購入できます。たとえば、賃貸用マンションの1棟買いなどによる規模のメリットが享受できます。株式投資であれば、株式を大量に購入したからといって割安に買えるわけではありませんが、不動産の場合にはそうした効果が見込めます。保険契約等も大口顧客として保険会社と交渉すれば、有利な条件が引き出せるかもしれません。

また、大勢の資金で数多くの物件を購入することによってリスク分散も可能ですから、1人でひとつの物件を所有するよりは安心です。ノウハウのない個人投資家が試《し》行錯誤《こうさくご》しながら運営していくよりも、プロが賃貸用不動産を購入して運営するほうがはるかにうまくいく可能性が高いでしょう。

株式の投資信託でもプロが運用するメリットはありますが、株式投資の銘柄選びに比べて、賃貸用不動産の投資・運営は、はるかにプロとアマの差が大きい分野でしょうから、プロに任《まか》せる選択肢も十分にあると思います。

もちろん、プロに任せても、リスクはあります。まずは空き家になって収入が得られないリスクです。人口減少にともなって不動産価格が下落していく可能性も小さくありません。火災や地震などで物件が破損するリスクもあります。保険に加入してもリスクのすべてがカバーできるわけではなく、しかも保険料はけっこう高くつきます。さらに、自宅とREITを保有することで、リスク分散が図りにくいという問題点もあります。

したがって、REITもあまりおすすめはできませんが、自分で賃貸用不動産を購入するよりはまだ合理的である、とは言えるでしょう。

金《きん》などの現物《げんぶつ》資産について

国債に似たものとして、社債があります。これは企業が発行したもので、国債よりも金利は高いですが、発行した企業が倒産した場合には元本が戻らないこともあります。外国政府の国債が円建てで発行されることもありますが、これも同様です。本書としては、こうした債券はおすすめしません。

理由の第一は、リスクに比べて金利が低いケースが多いことです。一般に日本の個人投資家は、ドルや株などが値下がりするリスクには敏感ないっぽうで、債務者が倒産するリスクには比較的鈍感《どんかん》だと言われています。したがって、実際には倒産する可能性が小さくないのに、国債よりもすこしだけ高い金利で社債等を発行すると、よく売れるようです。こうした商品には手を出すべきではありません。

理由の第二は、こうした債券は国債に比べて取引量が少ないので、満期まで待たずに売却しようと思った時に、買い手を見つけるのに苦労したり、安値でしか売れなかったりするリスクがあることです。

国債、社債などの債券とは異なる現物資産——金、銅、小麦といった商品は「コモディティ」と呼ばれます。現物を買って保管しておくのは大変ですが、ＥＴＦで購入することができます。こうしたものもインフレに強い資産と言えますが、投機資金が流れ込んで激しい値動きになる場合も多いので、プロ用の商品だと考えておいたほうが無難でしょう。

強《し》いて挙げれば、金はインフレに強い資産、有事《ゆうじ》に強い資産として根強い人気がありますし、毎月一定額を口座振替で購入することもできますから、少額を長期で投資するならば選択肢のひとつだと思います。本書としては、おすすめはしませんが、投資するのであれば、保管のリスクやコストなどを考えてＥＴＦを検討してみてはいかがでしょうか。

商品先物《さきもの》（コモディティを扱った投資）やＦＸ（外国通貨を売買して利益を出す投資）は、本書の趣旨とはまったく異なりますので、これはまったくおすすめしません。多くのプロが「価格」を巡って暗闘を繰り広げているなかに、初心者が紛《まぎ》れ込んでも勝てる可能性は低いので、やめておきましょう。

資産としての自宅

多くの読者にとって、自宅は最大の資産でしょうし、資産全体に占める割合も相当大きなものでしょう。いざという時は、売却して小さな家を購入したり借家に住んだりすることもありますし、子どもたちにとっては、相続財産として大切な意味合いを持ちます。したがって、その資産価値についても考えておく必要があります。

個人差はありますが、定年を迎える年齢のサラリーマンは、子どもたちが独立する年齢でもあります。今までは家族４人で郊外の広い一軒家に住んでいたとしても、夫婦２人の老後の生活は「狭《せま》くても便利な都心のマンションで」という選択肢は当然あるはずです。タイミング的にも、退職前後は自宅について考える時期なのです。

定年退職を機に自宅のリフォームを考える人も多いのですが、リフォームを考える際には、遠い将来のことも考えてみるべきでしょう。

もちろん、自宅は金融商品ではありませんし、何より生活の場所ですから、自宅のあり方を考える際にはさまざまなことを考える必要があります。各家庭の事情もあるでしょうが、ここでは資産運用の観点に絞《しぼ》って検討すべき事項を記しておきます。

財産としての自宅を考える際には、マンションと一戸建て住宅を分けて考える必要があります。マンションは、住んでいる間に老朽化《ろうきゅうか》するので、売却可能価格が下がっていきます。いっぽうで、一戸建ての売却可能価格は、よほど新築に近い物件でない限りは土地の値段なので、家屋が老朽化しても自動的には下がっていきません。

ちなみに、家屋じたいはよほど新しくない限り、売却する際には価値を認められません。むしろ「古屋《ふるや》を取り壊して更地《さらち》にするための費用がかかる」として、土地代だけより安くなってしまう場合も多いようです。

しかし、人口減少によって日本全体として東京都心などへの集中が進みかねないことを考えると、都心部のマンションは、郊外あるいは地方都市の一戸建てよりも資産価値が保たれるという可能性もあります。

個別の事情はあるでしょうが、一般論として言えば、周囲の住民に若者が少ない地域は今後人口が減少していき、生活が不便になり、地価も下がっていく可能性が高いでしょうから、早めに売却して都市の中心部に近い場所に小さなマンションを購入するほうが資産価値を保てる可能性は高いでしょう。

自宅ではなく、親が住んでいた家を相続する人も多いでしょう。その多くは自分が子どもの頃に育った家であり、親との思い出も多く、処分するには抵抗感があり、かといって処分せずに持っていると、特に一軒家の場合には維持管理が大変です。

この場合も、自宅と同様に、各家庭の事情はさまざまでしょうが、資産としての価値だけを考えれば、早めに処分すべき場合が多いと思われます。思うところはあるでしょうが、これを機に、一度じっくり親の家の処分について考えてみてはいかがでしょうか。

なお、介護が必要となった時に自宅をどうするか、を早いうちに一度考えておきましょう。介護が必要になるのは先のことでしょうが、住宅については長いタイムスパンで考える必要があるからです。

二世帯住宅も、ひとつの選択肢かもしれません。子ども夫婦との関係、相続の関係、等々検討すべきことは多いですが、メリットも多いかもしれません。ただ、二世帯住宅を建てる際には、たがいのプライバシーが守られるように、できるだけ配慮しましょう。

これは、老夫婦と子ども夫婦の適度な距離感という意味でも重要ですが、将来は片方を賃貸に出す可能性もあるので、その時のこともあらかじめ考えておくべきなのです。

持ち家か、借家か?

持ち家か借家か——という選択に関しては、本書の主要関心事項である「長生きのリスク」と「インフレのリスク」に備えるという観点から、持ち家を選ぶべきです。今後何十年も家賃を払い続けて、しかもインフレで家賃が上がり続ける、といった状況は、ぜひとも避けるべきだからです。

「自宅の財産としての価値が下がっていくから持ち家は損だ」と言う人もいますが、住居の価値は「売る時の値段」だけで判断するべきではありません。「死ぬまで家賃を払わずに住んでいられる」という権利は、非常に大きな価値だと考えて下さい。

借家の年間家賃が不動産価格の数％に上《のぼ》ることも、借家より持ち家を選択させる重要な要因です。本当に生活が苦しくなったら、最後の手段として、自宅を売却して借家に住むことも考えますが、その前に、自宅を担保に借金をすることを検討してみましょう。リバースモーゲージ（住宅担保型老後資金ローン）というしくみがあり、「自分が死んだら銀行が自宅を売却して貸出金を回収する」という契約が可能かもしれませんので、銀行などに問い合わせてみましょう。

ちなみに、資産運用としての貸家所有をおすすめしないのは、空き家のリスク等々を考えたものであり、自宅として住む場合には空き家のリスクもなく、借家人が替わるたびにリフォームをする必要もなく、家賃取り立て等の手間もかからないわけですから、事情が異なります。

確定拠《かくていきょ》出年金《しゅつ》について

株式投資の経験がない人でも、従業員持株会《もちかぶかい》に加入していたため、退職時に株式を渡された、ということはあり得ます。これをどうするべきでしょうか。思い出深い会社の株ですから、持っていたいという気持ちもあるでしょう。そうであれば、かまいませんが、資産運用という観点では、分散投資が望ましいと言えます。売却して現金化し、他の資産とともに分散投資をしましょう。

売却のタイミングについては、勤務先の〝ご機嫌〟を損ねないことも考える必要があるでしょう。また、持っている金額にもよりますが、金額が大きければ売却時にも時間分散投資を試みましょう。

確定拠出年金(「日本版401k」とも呼ばれる私的年金)で投資信託を保有している場合は、そのままでもかまわないでしょうが、毎年徴収される信託報酬を節約する目的で、ETFに乗り換えることをおすすめします。個別の株式を保有している場合には、売却してETFに乗り換えていきましょう。

相続した株式などがあれば、それも同様です。親が株式投資をされていたのであれば、思い入れもないでしょうから、すこしずつ売っていきましょう。
ただし、親が同族会社の株式を一部持っていたという場合には、親戚《しんせき》との関係もあって簡単には売れないでしょうから、そこは資産運用を考える前に親戚との関係を考えて判断しましょう。

ポイント

- **投資は、時間分散投資と銘柄分散を心がける。**
- **投資は、シンプルでわかりやすいものにする。**
- **株式は、価格より価値を狙って長期投資する。**
- **株式は、PER、PBRが高い時は買われ過ぎと判断する。**
- **毎月分配型投資信託、高金利通貨などへの投資は避ける。**
- **自宅についても再検討するが、借家は避ける。**

第6章

相続と遺言《ゆいごん》

本書の主目的は、退職金等の老後の生活資金を守るための投資について考えることですが、最後に、関連する事項についてもすこしだけ触れておきます。

相続は、富裕層《ふゆうそう》だけの問題ではなく、むしろ、普通のサラリーマン家庭で、たとえば長男夫婦と同居している自宅が唯一の遺産で、次男の取り分をどうするかといった事案のほうが熾烈《しれつ》な相続争いに繋《つな》がるリスクがあります。遺言書を書いておけば、そうしたリスクが大幅に減るので、早めに書きましょう。

相続税も、富裕層だけの問題と思われがちですが、大都市圏に一戸建てを持っているサラリーマンは対象となりかねませんから、勉強しておきましょう。

相続の法律

法律（民法）では、相続は被《ひ》相続人（＝亡くなった方）の財産額にかかわらず、発生します。遺言がない場合には、次の要領で相続されます。この場合の各人の取り分を「法定相続分」と呼びます。

被相続人に配偶者と子どもがいる場合には、配偶者が半分、子どもが半分を相続します。子どもが複数いる場合には、原則として子どもで等分《とうぶん》します。たとえば、配偶者と子ども3人が相続する場合、子ども1人あたりは遺産の6分の1になります。

ここで、配偶者とはあくまでも法律上の配偶者のことであり、事実婚は含みません。つまり、法律上の配偶者とは事実上離婚状態で、別に事実上の配偶者がいたとしても、遺産は法律上の配偶者にいきます。こうした事態を避けるためには、遺言をする必要があります。

民法では「父親の存命中に長男だけ自宅購入費用の援助を受けた場合などは、次男がその分だけ多めに遺産を受け取れる」といった例外規定はありますが、実際の計算で相続争いが発生することが多いので、そうした争いを避けるためにも遺言すべきでしょう。

被相続人に配偶者がいない場合には、子どもだけで全部を相続します。子どもが複数いれば、原則として等分します。

子どもがおらず、配偶者と直系尊属《そんぞく》（＝親）がいる場合には、配偶者が3分の2、親が3分の1を相続します。配偶者がおらず、直系尊属がいる場合には、直系尊属が全部を相続します。

子どもと直系尊属がおらず、配偶者と被相続人の兄弟姉妹がいる場合には、配偶者が4分の3を相続し、兄弟姉妹が4分の1を相続します。配偶者と子どもと直系尊属がおらず、兄弟姉妹がいる場合には、兄弟姉妹が全部を相続します。

なお、配偶者と子どもと直系尊属には「遺留分《いりゅうぶん》」という権利があり、遺言書に記された相続の配分が法定相続分（＝法律に定められた自分の取り分）の半分を下回っている場合には、裁判をして自分の遺留分を確保することができる、という法律がありますので、遺言書を書く際は、最低でも遺留分だけは配偶者や子どもに遺産がいくようにしましょう。

たとえば、配偶者と子ども2人が相続人の場合、配偶者には遺産総額の25％以上、子どもにはそれぞれ12・5％以上が渡るようにしておきましょう。配偶者がいなくて子どもが2人の場合には、子どもにはそれぞれ25％以上渡すようにしておきましょう。残りは自由に配分することができますので、たとえば事実婚の場合には「内縁《ないえん》の妻に半分遺贈《いぞう》する」と遺言すればよいのです。ちなみに、法定相続人でない人に遺言で遺産を渡す場合には「相続する」ではなく「遺贈する」と書きます。

本書の読者には関係ないと思いますが、念のため、相続は負債のほうが多くても発生します。その場合には、3カ月以内ならば相続人が「相続放棄」をすることができますので、家族に内緒で多額の借金を抱えている場合や、他人の借金の保証人になっているような場合には、遺言書にその旨《むね》を明記しておきましょう。

遺言書を書こう

遺言書は必ず書きましょう。書き方は簡単です。全部自筆で書いて、日付と名前を書いて押印《おういん》すればよいのです。ただし、1カ所でも書きまちがえたら、訂正するのではなく、面倒でも書き直しましょう。訂正の方法が不適切だと、遺言全体が無効とされてしまう可能性があるからです。

より正式には、「公正証書遺言《こうせいしょうしょいごん》」という制度があります。公証人役場に行って遺言書を作成してもらう制度です。多少の手数料はかかりますが、原本を公証人役場が保管してくれますので、後日《ごじつ》の争いを減らす意味でも自筆証書遺言より安心です。

遺言書は、自筆証書であれ公正証書であれ、日付が新しいものが優先的に効力を持ちます。したがって、気が変わったら何時《いつ》でも簡単に書き直せるのですから、とにかく一度書いてみましょう。念のため例を記します（図表5）。

「遺言書はお金持ちだけが書けばよい」というのは大きなまちがいです。何億円も遺産がある人よりも、「配偶者はすでに他界。遺産は自宅だけ。自宅には長男夫婦が同居していて、次男は住宅ローンを借りてマンションを買った」といったケースのほうが骨肉《こつにく》の争いに発展しやすい、という話も聞きます。

自分が死んだあとに子どもたちが相続争いで仲違《なかたが》いし、口も利《き》かなくなったら悲しいでしょうから、しっかり遺言書は書いておきましょう。

次に、財産目録を作りましょう。遺言書の一部としてもけっこうですし、遺言書とは別に作ってもかまいませんから、とにかく自分が死んだ時に遺族がわかるように、リストにしておきましょう。たとえば保険に加入していても、そのことを遺族が知らなければ、保険金の請求ができません。これはもったいないことです。

ヘソクリの存在も、リストに書いておきましょう。ヘソクリは、自分が生きている

図表5 遺言書の例

遺言書

第1条　遺言者は、所有する下記の不動産を、妻塚崎○子（昭和○年○月○日生）に相続させる。

記

⑴所在　福岡県久留米市○○町
　地番　○番○
　地目　宅地
　地積　○平方メートル
⑵所在　福岡県久留米市○○町○番地○
　家屋番号　○番の○
　種類　居宅
　構造　木造瓦葺弐階建
　床面積
　　壱階　○平方メートル
　　弐階　○平方メートル

第2条　遺言者は、第1条に記載したもの以外のいっさいの財産を、長男塚崎△男（平成○年○月○日生）、長女塚崎△子（平成○年○月○日生）の2名に、それぞれ2分の1の割合で相続させる。

平成26年8月31日

住所　福岡県久留米市○○町○番地○
遺言者　　塚崎○男　（印）

間は他人に見つけられたくありませんが、自分が死んでからも誰も見つけてくれなかったら、それはもったいないですから。

この場合、リストじたいは厳重に封をしたうえで、家族にリストの存在を教えておく、などを検討しましょう。

これ以外にも昔、友人の銀行員に頼まれて作った銀行の預金口座、結婚前に親の家の近くの銀行で作った預金口座、等々忘れているものがあるかもしれません。そうしたものも、思い出してリストに書いておきましょう。

相続税の対策

相続税についても、考えておきましょう。相続税こそ自分は無関係、と思っている人が多いでしょうが、大都市に住んでいる人は要注意です。

二〇一五年一月から相続税が増税（基礎控除額の4割縮小）になり、配偶者と子ども2人が相続人の場合、相続税評価額4800万円以上の遺産に対しては相続税が課せられることになりました。つまり、大都市の郊外に普通の一軒家を持っている人でも、家と退職金等を合計した遺産総額が、相続税の対象になりかねないのです。

これに対しては、まず生前贈与《せいぜんぞうよ》を研究してみましょう。資産という大きなことを考える前に、まず子や孫の生活費、教育費、結婚費用、出産費用などを負担してあげることを考えましょう。もちろん、常識の範囲を超えれば贈与税の対象となるでしょうが、そうでなければ贈与税はかかりません。

生活費などの援助に加え、実際の金銭等の贈与も、一定の範囲内なら無税で行なうことができます。もっとも手軽なのは、毎年110万円までの贈与は非課税でできる、という規定です。実際には毎年111万円ずつ贈与することをおすすめしますが、この件は後述します。

また、子どもや孫の教育資金を1500万円まで贈与しても無税である、という制度もあります。信託銀行に子ども名義の口座を作って1500万円を振り込むと、教育費用がそこから引き落とされる、というしくみ（教育資金の一括贈与）です。

さらに、子どもが住居を購入する際に500万円まで贈与しても非課税、という制度もありますから、子どもが住居を購入する際には、不動産業者などに相談してみましょう。

あるいは、20年以上連《つ》れ添《そ》った配偶者に自宅の一部（2000万円相当まで）を贈与しても非課税、という制度もあります。税金のことは、いろいろと複雑ですし、しばしば変更になりますから、ファイナンシャル・プランナーか税理士に相談してみることも選択肢のひとつでしょう。

なお、相続税対策として自宅の庭に貸家を建てる人もいますが、おすすめしません。貸家を建てることは維持管理費がかかる、建物が古くなって価値が下がる、空き家のリスクがある、建設資金を借入すれば金利がかかる、等々それほど儲かりません。加えて、資産に占める不動産の比率が高くなると、リスク分散が図りにくくなります。

相続税対策として生命保険に加入する人もいますが、これもおすすめしません。よほどの資産家で相続税率が高い場合は別ですが、普通のサラリーマンの場合には、相続税率がそれほど高くないでしょうから、「保険会社のコストや利益を負担しても、保険に加入して相続税を節税するほうが得になる」というケースは多くないはずです。

税務署への対策

相続が発生すると、相続税の申告を行ない、それを税務署が査定します。財産隠しや脱税などは問題外ですが、査定の際に問題となるのが、「相続人名義の財産ではあったが、事実上は被相続人の財産であったと認定し、相続税の対象とする」という税務署の判断です。

　たとえば「相続人の預金通帳に被相続人からの贈与として振込がなされているけれども、通帳と印鑑は被相続人が保持していた」場合には、贈与がなかったものと認定され、振込額が相続財産と認定されてしまうリスクがあります。

　また、「10年間にわたり、毎年末に被相続人から相続人に対して110万円の振込があった」場合には、「今後10年間にわたり110万円を年末に贈与するという契約があったはずだ。そうだとすると、契約時点で1100万円の贈与があったと認定できるが、贈与税が支払われていないのは問題だ」と言われる可能性もあります。

　こうした判断は、裁判で争うこともできますが、大変な時間と労力がかかり、しかも勝訴できるとは限りませんから、あらかじめ防げるものは防いでおくべきでしょう。そのための一《いち》方策として、「毎年111万円ずつ贈与して、贈与税を1000円支払う」という手があります。110万円までは非課税で贈与できるので、わざと111万円贈与して1000円の贈与税を支払うのです。

　毎年納税して納付書（金融機関の受領印のあるもの）を保管しておけば、税務署としても「これは贈与ではなかった」とは言いにくいでしょうから、格段にリスクは減るはずです。

配偶者と子ども2人が相続人であった場合、合計3人に111万円ずつ10年間にわたって贈与すれば、3330万円が贈与できます。贈与税は合計で3万円です。これにより、遺産総額などによって税率は変わるものの、相続税が相当減額できるはずです。ただし、ご本人が亡くなってしまえば、贈与もできなくなりますし、そうでなくとも亡くなる前3年間の贈与分は相続財産に含まれるので、対策は早めに採られることをおすすめします。

それでもなお、安全策を採るならば、毎年の贈与額や贈与時期を微妙に変化させるとさらによいでしょう。

相続税の計算式

では、実際にどれくらいの相続税が課されるのか、数値例で見てみましょう。相続税は二〇一五年より増税となりますから、増税後の課税額を求めることにします。

たとえば、相続財産の相続税評価額が2億円だとします。相続税評価額は、不動産などについては時価より低い場合が多いと言われていますが、現金などについては、そのままの金額で評価されます。

相続税の計算は、はじめに「法定相続分通りに各人が相続した場合の相続税総額」を計算したうえで、総額を各人の実際の相続額に応じて割り振ることになりますので、すこし複雑です。

はじめに、相続人が配偶者と長男と次男の3人で、法定相続分通りに相続した場合について考えてみます。まず、基礎控除額を求めます。基礎控除額は3000万円＋相続人1人あたり600万円ですから、4800万円になります。これを2億円から差し引くと1億5200万円となり、配偶者分は7600万円、長男と次男分は各3800万円となります。

配偶者は、図表6より、税率が30％で控除額が700万円ですから、7600万円×0・3−700万円＝1580万円となります。長男と次男は、税率が20％で控除額が200万円ですから、それぞれ3800万円×0・2−200万円＝560万円となります。３人分を合計すると２７００万円です。

本来であれば、これを配偶者が50%、長男と次男が各25%課されるのですが、配偶者には特別な控除があり、法定相続分までの相続に対しては相続税が課されないのです。したがって、長男と次男が各６７５万円ずつ相続税を課されて終わりです。２億円の財産に対して相続税が１３５０万円ですから、驚くほどの金額ではありません。

次に、配偶者がいなくて相続人が長男と次男の２人だけだとします。まず、法定相続人が１人少ないので、基礎控除額が４２００万円に減ります。基礎控除後の各人の法定相続分は７９００万円で、これに30%の税率が課せられますから、控除額７００万円を引いても各人が１６７０万円の税金を課されることになります。２人の合計で３３４０万円です。配偶者がいる場合と比べると、税額が大きく増えていることがわかります。

問題は、相続財産が増えていくと税率が高くなっていくことです。配偶者がいない富裕層が亡くなると、子どもには多額の相続税が課されることになるわけです。

図表6 相続税の速算表

法定相続人の取得金額	～2014年12月末		2015年１月～	
	税率	控除額	税率	控除額
1000万円以下	10%	0	10%	0
3000万円以下	15%	50万円	15%	50万円
5000万円以下	20%	200万円	20%	200万円
１億円以下	30%	700万円	30%	700万円
２億円以下	40%	1700万円	40%	1700万円
３億円以下			45%	2700万円
６億円以下	50%	4700万円	50%	4200万円
６億円超			55%	7200万円

最後の準備

退職を機に「終活《しゅうかつ》」として、心の準備をしましょう。まずは、自分の判断能力が衰えてきた時に備えて何をすべきでしょうか。

加齢などによって自分で財産の管理ができなくなったり、認知症になったりした時に、誰に財産を管理してもらうのか、といったことも考えておきましょう。

長男に財産の管理を頼んだら次男が文句を言ってきた、などの話も聞きますので、そうした場合には弁護士に依頼する等々を検討しましょう。「成年後見人《せいねんこうけんにん》」という制度もありますので、心配な方は一度調べてみてはいかがでしょうか。

判断力が衰えてくると、詐欺の被害に遭う確率も高まってきます。たとえば、投資の勧誘などを受けた時に、気楽に相談できる子どもなどが近くにいればよいのですが、そうでもない場合にどうするか、なども考えておきましょう。自分1人では大金が自由にならないように、長男に通帳を預け、次男に印鑑を預けておくなど、いろいろと考えてみましょう。

次は、葬儀費用の話です。葬儀費用は自分で用意したい、という希望は多くの人が持っているようです。そのため、死亡保険に加入する人もいるようですが、これはおすすめできません。

本書で繰り返し述べてきたように、保険は「万が一の時に経済的に大変困った事態に陥る」リスクを回避するために加入するものです。人間は必ず死ぬのですから、「死んだ時に数百万円受け取れる」という保険は、保険会社に手数料（＝保険会社の人件費、利益等）を寄付するようなものです。その程度の金額は遺産で遺《のこ》しましょう。

そして、「葬儀は長男に頼みたい。そのため、長男には他の相続人より300万円多く相続させる」といった遺言書を書いておきましょう。

もっとも、遺産の分割は時間がかかるので、葬儀費用の支払いには間に合いません。長男に数百万円の貯金があればよいのですが、そうとは限らないので、葬儀費用の支払いが困難になりかねません。

そうしたリスクを避けるためには、あらかじめ長男に数百万円を贈与しておくことも選択肢のひとつです。そして、相続人全員に、葬儀費用分を長男に贈与したことを知らせておくのです。そうすれば、相続の際に過去の贈与が不公平だという争いにはならないでしょうし、長男は贈与された資金を何時でも現金化できるように預金か国債で持つでしょうから、安心でしょう。

ポイント

●遺言書は、早いうちに書いておく。

●大都市の一戸建てに住むサラリーマンは、相続税対策を立てる。

●老後について、早いうちに考える。

おわりに

本書をお読みいただいた感想はいかがでしょうか。そして、じっくりと自分の財産や老後の生活について考えてみた感想はいかがでしたか。世の中には、「老後の生活には1億円必要だ」「財政が破綻して年金がもらえなくなる」「超インフレが来て、老後の蓄えが紙屑になる」など、不安を煽《あお》る情報が溢《あふ》れています。

しかし、心配しているだけでは何も改善しません。まずは、心配が現実的なものであるか否かを判断する必要があります。たとえば、第1章で見たように、「老後に1億円必要」というのはおおむね正しいですが、「現在1億円持っていないと老後が大変だ」という意味ではまったくありませんので、過度な懸念は不要です。

「財政が破綻して年金がもらえなくなる」可能性を本気で心配するなら、「年金受給年齢を前倒《まえだお》しにして、破綻する前にすこしでも多く受け取っておく」という選択が合理的でしょう。しかし、実際には年金が支払われないことは考えにくく、「マクロ経済スライドで年金が目減りするので、現在予定されている生活水準が実現できない」

可能性が高いのですから、年金受給開始年齢を後《うし》ろ倒しにして毎月の年金額を増額し、「年金が多少目減りしても何とか生活できるように準備する」ほうが合理的です。

超インフレが来るか否かは、わかりませんが、戦後の混乱期のように物価が100倍になったりすることはないでしょう。毎年20％ずつ物価が上がって数年で2倍になる、といったことは起こり得ますが、それに対しては資産を物価連動国債、変動金利型国債、株式、外貨などで持つことにより、資産の目減りを防ぐことが可能です。

心配事があるならば、「そうならないように準備をする」「そうなっても困らないように準備をする」ことが大切です。本書が、資産運用の面でみなさんの対策案作りに多少なりともお役に立つとすれば、著者としてこれに勝《まさ》る喜びはありません。

本書は、退職金や投資など財産のことを中心に書きましたが、退職は幅広く「終活」を始める良い機会です。筆者は、退職にはすこし早いのですが、本書の執筆を機に、エンディング・ノートを購入してみました。みなさんもいかがですか？

読者のみなさんが、おおむね同年代の筆者自身を含めて、健康面でも資金面でも大《たい》過《か》なく老後を過ごすことができることを祈って筆を擱《お》くことにします。

参考ホームページ

❶日本ＦＰ協会
https://www.jafp.or.jp/

❷全労済
http://www.zenrosai.coop/kyousai/nenkin/teigaku15year/index.php

❸三菱東京ＵＦＪ銀行
http://www.bk.mufg.jp/sonaeru/hoken/index.html

❹明治安田生命「かんたん持続成長プラス」
http://www.meijiyasuda.co.jp/window/easy/

❺明治安田生命「収穫名人Ⅲ」
http://www.meijiyasuda.co.jp/window/harvest_3/mutb/

❻モーニングスター
http://www.morningstar.co.jp/fund/

切りとり線

★読者のみなさまにお願い

この本をお読みになって、どんな感想をお持ちでしょうか。祥伝社のホームページから書評をお送りいただけたら、ありがたく存じます。今後の企画の参考にさせていただきます。また、次ページの原稿用紙を切り取り、左記まで郵送していただいても結構です。

お寄せいただいた書評は、ご了解のうえ新聞・雑誌などを通じて紹介させていただくこともあります。採用の場合は、特製図書カードを差しあげます。

なお、ご記入いただいたお名前、ご住所、ご連絡先等は、書評紹介の事前了解、謝礼のお届け以外の目的で利用することはありません。また、それらの情報を6カ月を越えて保管することもありません。

〒101－8701（お手紙は郵便番号だけで届きます）
祥伝社新書編集部
電話03（3265）2310

祥伝社ホームページ　http://www.shodensha.co.jp/bookreview/

★本書の購入動機（新聞名か雑誌名、あるいは○をつけてください）

＿＿＿＿新聞の広告を見て	＿＿＿＿誌の広告を見て	＿＿＿＿新聞の書評を見て	＿＿＿＿誌の書評を見て	書店で見かけて	知人のすすめで

★100字書評……退職金貧乏

名前

住所

年齢

職業

塚崎公義　つかさき・きみよし

久留米大学商学部教授。東京都生まれ。1981年、東京大学法学部卒業。日本興業銀行（現・みずほ銀行）入行後、カリフォルニア大学ロサンゼルス校（ＵＣＬＡ）にてＭＢＡを取得。同行調査部主任部員（課長待遇）、財団法人国際金融情報センター調査企画部長などを経て2005年、退職して久留米大学へ。著書に『よくわかる日本経済入門』（朝日新書）、『なぜ、バブルは繰り返されるか？』（祥伝社新書）などがある。

退職金貧乏《たいしょくきんびんぼう》
――定年後《ていねんご》**の「お金**《かね》**」の話**《はなし》

塚崎公義《つかさききみよし》

2014年11月10日　初版第1刷発行
2014年11月30日　　　第2刷発行

発行者……………竹内和芳
発行所……………祥伝社《しょうでんしゃ》
〒101-8701　東京都千代田区神田神保町3-3
電話　03(3265)2081(販売部)
電話　03(3265)2310(編集部)
電話　03(3265)3622(業務部)
ホームページ　http://www.shodensha.co.jp/

装丁者……………盛川和洋
印刷所……………堀内印刷
製本所……………ナショナル製本

Printed in Japan　ISBN978-4-396-11390-2　C0233

〈祥伝社新書〉
生活を守るために

192
老後に本当はいくら必要か
高利回りの運用に手を出してはいけない。手元に1000万円もあればいい
経営コンサルタント
津田倫男《みちお》

231
定年後 年金前
空白の期間にどう備えるか
安心な老後を送るための「経済的基盤」の作り方とは？
経営コンサルタント
岩崎日出俊

353
気弱な人が成功する株式投資
成功した投資家たちが心がけてきた売買の基本を、初心者にわかりやすく伝授する
岩崎日出俊

371
空き家問題
1000万戸の衝撃
毎年20万戸ずつ増加し、二〇二〇年には1000万戸に達する！ 日本の未来は？
不動産コンサルタント
牧野知弘

286
生活保護の謎
年金生活より生活保護のほうが高収入……など、その実態と矛盾に迫る！
ノンフィクション作家
武田知弘